四书五经

何亚辉 编著

〔第三卷〕

光明日报出版社

第十一篇　告子上

第一章

【原文】

告子曰："性，犹杞柳①也，义，犹桮棬②也；以人性为仁义，犹以杞柳为桮棬。"孟子曰："子能顺杞柳之性而以为桮棬乎？将戕贼杞柳而后以为桮棬也？如将戕贼杞柳而以为杯，则亦将戕贼人以为仁义与？率天下之人而祸仁义者，必子之言夫！"

【注释】

①杞柳：杨柳科植物，其枝条可用来编制器物。
②桮棬：桮同"杯"。杯棬，一种木制的饮器。

【译文】

告子说："人的本性就像杞柳树；仁义就像杯盘。把人的本性改变为仁义，就像把杞柳树制成杯盘。孟子说："你是顺着杞柳的本性去把它改制成杯盘呢，还是破坏杞柳的本性去把它改制成杯盘呢？如果要破坏杞柳的本性才把它制成杯盘，那么也要破坏人的本性去改变为仁义吗？率领天下的人来损害仁义的，一定是您的这种理论吧！"

【鉴读】

在本章以及下面的七章中，集中阐述了孟子的"人性论"。"人性"是指人的本质特性，生命的基本倾向。"人性论"也即是关于人性问题的基本观点和基本看法。在伦理学中，人性论被看做是伦理学说的理论基础，因此人性问题是古代伦理学中最重要的问题。

这一章中，告子这位学兼儒墨的学者，对于人性与仁义的关系提出了自己的看法。在告子看来，人性好比是原始的木料，而追求的最高道德标准仁义就如同用木料加工成器具。孟子针锋相对地提出了反驳，认为这是一个残害人性的过程，同时也是对人的本体的否定。孟子是性善论者，他的观点有其道理，但也有偏颇之处，后天的环境影响、教育熏陶对于一个人的生存发展也是极其重要的，按照孟子的观点，培养高尚的道德品质，应该顺应自己的天性加强引导，不能过于强调外在束缚力，人的理想人格的形成，不是一个自我否定的过程，而是一个自我实现的过程。正确地看待孟子的观点，对于当下青少年的教育培养以及个人的发展都有借鉴意义和启示意义。

第二章

【原文】

告子曰："性犹湍水也，决诸东方则东流，决诸西方则西流。水性之无分于善不善也，犹水之无分于东西也。"

孟子曰："水信无分于东西，无分于上下乎？人性之善也，犹水之就下也。人无有不善，水无有不下。今夫水，搏而跃之，可使过颡①；激②而行之，可使在山。是岂水之性哉？其势则然也。人之可使为不善，其性亦犹是也。"

【注释】

①颡：额头。
②激：阻截水流使水位提高。

【译文】

告子说：'人的本性就像急流的水，在东边开个口子就向东流，在西边开个口子就向西流。人的本性并没有善和不善的区别，好比水没有东流与西流的定向一样。"孟子说："水确实没有东流与西流的定向，但没有向上与向下的定向吗？人性的善良，就像水向低处流。人的本性没有不善良的，水没有不向低处流的。现在我们拍打水使它翻腾起来，水就可以高过额头；阻截水流使它倒流，就可以把它引上高山。这难道是水的本性吗？这只是形势才使它这样的。人可以使他做不好的事，他的本性的变化也就像这水一样"。

【鉴读】

这一章中，告子提出的"人性"观点是"无善无不善"，人性就像是湍急的水流一样，只要往哪个方向引导，它就会向那个方向流淌。纵观东西方思想家，这样的观点非常多，比如亚里士多德的"蜡块说"，洛克的"白板说"。孟子则一针见血地说出，告子的看法没有触及人性的根本。孟子看来，人性的终极目标是指向"善"，指向"仁义"的。

先秦时期，各个学派都对人性问题有了自己的基本看法，中国古代的伦理思想家对于人性的探讨，主要是从善恶的角度进行的，不同的学派也经常就此问题展开激烈的辩驳。值得我们特别注意的，是孟子的雄辩风范。随口接过论敌的论据而加以发挥，欲擒故纵，持之有故，言之成理。一语杀入穴道，只需要轻轻一转，其论证便坚不可移，使读者读来，不得不对之信服。

虽然社会中有很多的阴暗面，但是信奉性善论的人是经常会有幸福感的，世界上好人还是大多数，每个人都有自己的苦衷，我们彼此之间多一分理解宽容，多一分自我约束与反省，世界会更加美好的。

第三章

【原文】

告子曰："生之谓性①。"

孟子曰："生之谓性也，犹白之谓白与？"

曰："然。"

"白羽之白也，犹白雪之白；白雪之白犹白玉之白与？"

曰："然。"

"然则犬之性犹牛之性，牛之性犹人之性与？"

【注释】

①生之谓性："生"和"性"是同源字，意义上有联系。

【译文】

告子说:"天生的东西就叫本性"。孟子说:"天生的东西就叫本性,就像所有的白色都叫做白吗?"告子说:"是的。"孟子又问:"白色羽毛的白像白雪的白;白雪的白像白玉的白吗?"告子说:"是的。"孟子说:"那么狗的本性像牛的本性,牛的本性像人的本性吗?"

【鉴读】

天性到底是什么?荀子认为是"性恶",孟子主张是"性善",这都是道德的评价,告子认为,人的天性无所谓善恶,只有求生的本能罢了。孟子按照告子的观点推理,得出的结论是,无论是狗、牛还是人,天生下来都能知觉,都能运动,这些天生的东西如果是本性的话,那么人的性,牛的性,狗的性还有什么差别呢。

孟子用归谬法反驳了告子,孟子等儒家学者认为,人有仁义礼智,而动物没有,这就是人禽之别。

第四章

【原文】

告子曰:"食色,性也。仁,内也,非外也;义,外也,非内也。"

孟子曰:"何以谓仁内义外也?"

曰:"彼长而我长之,非有长于我也;犹彼白而我白之,从其白于外也,故谓之外也。"

曰:"异于白马之白也,无以异于白人之白也;不识长马之长也,无以异于长人之长也?且谓长者义乎?长之者义乎?"

曰:"吾弟则爱之,秦人之弟则不爱也,是以我为悦者也,故谓之内。长楚人之长,亦长吾之长,是以长为悦者也。故谓之外也。"

曰:"耆①秦人之炙,无以异于耆吾炙,夫物亦有然者也,然则耆炙亦有外与?"

【注释】

①耆：同"嗜"。

【译文】

告子说："食欲与性欲，全是人的本性。仁，是内在的东西，不是外在东西；义，却是外在的东西，不是内在的东西。"孟子问："凭什么说仁是内在的东西，义是外在的东西呢？"告子说："对方年长我就尊敬他，这种尊敬之心并不是我早就有；就像某个东西是白的我就认为它是白的，这是根据它的外表是白的，所以说它是外在的。"孟子说："白马的白与白人的白并没有什么区别，但同情老马和尊敬老人是否有什么区别呢？您说的义是在长者一方呢，还是在尊敬长者的一方呢？"告子说："是我的弟弟我就爱他，是秦国人的弟弟我就不爱他，这是因为自己内心的原因才高兴地这么做，所以说仁是内在的东西。尊敬楚国的老人，也尊敬我自己的老人，这是因为年长这个内在的原因。我高兴这么做，所以说义是外在的东西。"孟子说："喜欢吃秦国人的烤肉，和喜欢吃自己的烤肉，没有什么不同。其他事物也有这样的情况，那么喜欢吃烤肉的心理也是外在的吗？"

【鉴读】

这一章中，告子关于人性问题提出了后世相当有名的观点——"食色，性也"。在告子看来，"饮食男女，人之大欲"，食欲和性欲就是人的本性。这样的说法是有问题的。按照马克思的观点，这些只是人的动物性及生理属性，仅仅这些是没有办法将人与动物区分开来的。人之所以为人，更重要的是社会属性，这是人的本质属性。

如果对孟子和告子的人性论进行引申的话，就会得出对仁义等德行的不同看法。告子认为仁是内在于人的，义是外在于人的。孟子不同意这种看法，认为仁义皆是内在的。孟子认为仁义礼智的萌芽本来就是人所具有的，人要做的就是使这些萌芽不要被毁伤，不要被外物所蒙蔽。

第五章

【原文】

孟季子问公都子曰："何以谓义内也？"

曰："行吾敬，故谓之内也。"

"乡人长于伯兄一岁，则谁敬？"

曰："敬兄。"

"酌则谁先？"

曰："先酌乡人。"

"所敬在此，所长在彼，果在外，非由内也。"

公都子不能答，以告孟子。

孟子曰："敬叔父乎？敬弟乎？彼将曰敬叔父。曰：'弟为尸^①，则谁敬？'彼将曰敬弟。子曰：'恶在其敬叔父也？'彼将曰在位故也。子亦曰：'在位故也。庸敬在兄，斯须^②之敬在乡人。'"

季子闻之，曰："敬叔父则敬，敬弟则敬，果在外，非由内也。"

公都子曰："冬日则饮汤，夏日则饮水，然则饮食亦在外也？"

【注释】

①尸：古人在祭祀时用男女幼童为受祭代理人，称之为"尸"。

②斯须：暂时。

【译文】

孟季子问都子说：为何说义是内在东西？"

公都子说："表达我内心的尊敬，所以说它就是内在的东西。"

孟季子说："有本乡人比您的大哥大一岁，那您该尊敬谁？"

公都子说："尊敬哥哥。"

孟季子说："那么如果敬酒先敬谁？"

公都子说：'先敬酒给本乡人。"

孟季子说："您内心尊敬的是自己的大哥，而行动上表现的却是尊敬本乡人，可见义果真是外在的，并不是出于内心的。"

公都子不能回答，把这些话告诉了孟子。

孟子说："（你可以反问他：）是尊敬叔父还是尊敬弟弟呢？他会说'尊敬叔父'。你就问他：'弟弟如果做受祭的代理人，那你应该尊敬谁？'他会说'尊敬弟弟'。你说：'那你刚才为什么说尊敬叔父呢？'他会说：'这是因为现在弟弟处在受尊敬的位置上。'你就说：'我说尊敬本乡人也是因为他处在客人的位置上。平时的尊敬在大哥，暂时的尊敬在于本乡人。'"

季子听到这些话后，说："尊敬叔父是尊敬，尊敬弟弟也是尊敬，可见义果真是外在的，并不是出于内心的。"

公都子说："冬天喝热水，夏天喝凉水，那么饮食也是外在的吗？"

【鉴读】

孟子又对自己的"义内"说进行了进一步的解释。孟子强调"义"、"仁"都是人的善良本性，是内在于人的。因此维护了性善论的完整性。以此看来，加强主动自觉的道德修养也是极其重要的。

孟子在论述"义内"问题时，没有提出什么高深的道理，只是通过日常生活中的简单事情来说明问题。由此可见，孟子教人也和孔子如出一辙，不做空谈阔论，皆从日常生活的角度总结，活泼自然，听者也是了然于心。

第六章

【原文】

公都子曰："告子曰：'性无善无不善也。'或曰：'性可以为善，可以为不善，是故文、武兴，则民好善；幽、厉兴则民好暴。'或曰：'有性善，有性不善，是故以尧为君而有象；以瞽瞍为父而有舜；以纣为兄之子，且以为君，而有微子启、王子比干。'今曰性善，然则彼皆非与？"

孟子曰："乃若其情，则可以为善矣，乃所谓善也。若夫为不善，非才之罪也。恻隐之心，人皆有之；羞恶之心，人皆有之；恭敬之心，人皆有之；是非之心，人皆有之。恻隐之心，仁也；羞恶之心，义也；恭敬之心，礼也；是非之心，智也。仁义礼智，非由外铄①我也，我固有之也，弗思耳矣。故曰：'求则得之，舍则失之。'或相倍蓰而无算者，不能尽其才者也。《诗》曰：'天生烝民，有物有则。民之秉彝，好是懿德②。'孔子曰：'为此诗者，其知道乎！故有物必有则；民之秉彝也，故好是懿德。'"

【注释】

① 铄：授予。

② 天生一句：引自《诗·大雅·烝民》。

【译文】

公都子说："告子说：'人的本性没有善与不善的区别。'也有人说：'人的本性可以使他善，也可以使他不善；所以周文王、周武王兴起时，百姓就喜欢从善；而周幽王、周厉王出现，百姓就喜欢从暴。'也有的人说：'有的人本性善，有的人本性不善。所以，以尧这样的圣人为君王，也有像这样的恶人为臣属；以瞽瞍这样的恶人为父亲，也有舜这样的圣人做他的儿子；有纣这样暴虐的侄儿，而且做了君王，却有微子启、王子比干这样的仁人做他的叔父和大臣。'现在您说'人的本性是善良的'，那么他们说的都不对吗。'孟子说："如果从人的天生性情来说，那是可以使它善良的，这就是我所说的人性的善良。至于有不善的人，那不是天生资质的原因。同情怜悯之心，人人都有；羞耻之心，人人都有；恭敬之心，人人都有；是非之心，人人都有。同情怜悯之心，属于仁；羞耻之心，属于义；恭敬之心，属于礼；是非之心，属于智。仁义礼智不是从外部授予我的，而是我自己本来就有的，只不过没有思考罢了。所以说：'追求就得到它，放弃就失掉它。'人与人之间有相差一倍、五倍甚至无数倍，就在于不能充分发挥个人先天的资质。《诗经·大雅·烝民》说：'上天生育了人类，万物都有其本来法则。百姓掌握这些法则，就喜爱美好的德行。'孔子说：'创作这首诗的人，很懂得事物的法则！有万物就有规则，百姓掌握了规则，就喜爱美好的德行了。'"

【鉴读】

这一章，孟子对于性善论进行了全面解说。首先公都子罗列了当时流行的关于本性的观点，有三个方面，第一是告子的性无善无不善，第二就是本性能为善能为不善，而第三种是本性可以是善的可以是不善的。这一次孟子没有以诘难或推谬的方式进行辩论，而是正面阐述了自己关于人性本善的看法。说是阐述，其实也是重申，因为其主要内容，即关于恻隐、羞恶、恭敬、是非"四心"以及它们与仁、义、礼、智之间的内在联系，他在《公孙丑上》里已经提出并阐述过了。只不过在那里是从"人皆有不忍人之心"出发，探讨"四心"与"仁政"之间的关系，具有政治心理学的色彩。而这里则是纯从人性探讨的角度出发，回答学生关于人性是否天生善良的问题。

按照孟子的看法，不仅人性本善，人性本来有"四心"，就连仁义礼智这四种品质道德，也都是"我固有之也，只不过平时我们没有去想它因而不觉得罢了。所以，现在我们应该做的就是要在自己的身上，自己的本性之中去发现仁义礼智，"尽其才"，充分发挥自己的天生资质。孟子的"性善论"思想是有它积极进取、健康向上的意义的。

战国时期，一次，鲁国的国王去打猎，打到了一只鹿，他高兴地与身边的一个秦姓大臣说："你先把这只鹿拿回宫去杀了，等我回来吃。"于是那位姓秦的大臣带着那只鹿回宫了。路上，母鹿一直跟在姓秦的大臣后面，发出声声哀鸣，那位姓秦大臣听后觉得不忍，就把小鹿给放了。鲁王回宫后问大臣："鹿肉烧好吗？"大臣说他已把那只鹿放掉了。于是鲁王一怒之下把那秦姓大臣逐出了国。隔了一年，鲁王要给太子找一个老师，于是又派人去找那位大臣，这时身边的人就问鲁王，当初把他逐出国，为何现在又要把他找回来？鲁王说："我要让他来做太子的老师，因为他有仁义之心。"

第七章

【原文】

孟子曰："富岁，子弟多赖①；凶岁，子弟多暴。非天之降才尔殊也，其所以陷溺其心者然也。今夫麰②麦，播种而耰③之，其地同，树之时又同，浡然而生，至于日至④之时，皆熟矣。虽有不同，则地有肥硗⑤，雨露之养、人事之不齐也。故凡同类者，举相似也，何独至于人而疑之？圣人，与我同类者。故龙子曰：'不知足而为屦，我知其不为蒉⑥也。'屦之相似，天下之足同也。口之于味，有同耆也，易牙⑦先得我口之所耆者也。如使口之于味也，其性于人殊，若犬、马之与我不同类也，则天下何耆皆从易牙之于味也？至于味，天下期于易牙，是天下之口相似也。惟耳亦然。至于声，天下期于师旷，是天下之耳相似也。惟目亦然。至于子都⑧，天下莫不知其姣也。不知子都之姣者，无目者也。故曰，口之于味也，有同耆焉；耳之于声也，有同听焉；目之于色也，有同美焉。至于心，独无所同然乎？心之所同然者何也？谓理也，义也。圣人先得我心之所同然耳。故理义之悦我心，犹刍豢⑨之悦我口。”

【注释】

① 赖：懒惰。

② 䅌：大麦。

③ 耰：耙土耕种。

④ 日至：夏至。

⑤ 硗：贫瘠。

⑥ 蒉：草编的筐。

⑦ 易牙：齐桓公的宠臣，擅烹饪。

⑧ 子都：《诗·郑风·山有扶苏》："不见子都，乃见狂且。"《毛传》云："子都，世之美好者也。"

⑨ 刍豢：牲畜。

【译文】

孟子说："处在丰收年成，年轻人大多懒惰；处在灾荒年成，年轻人大多强横；这不是上天赋予的资质不同，而是使他们的性情变坏的外部环境造成的。比如现在有人种植大麦，播种后，又耙地，如果土质一样，播种的时间也一样，麦苗就会蓬勃长起来，到夏至时都会成熟。即使有所不同，那也是土质的肥沃和贫瘠的不同、雨水供给的多少和种植者的管理有差别造成的。所以，凡是同类的东西都是相似的，为什么一提到人就怀疑呢？圣人也和我们也是同类。所以龙子说：'即使不了解脚的大小就编草鞋，我也知道不会编成草筐。鞋子相似，是因为天下人的脚形是大致相同的。'嘴巴对味道也有共同的嗜好，易牙就先掌握了我们这个嗜好的口味。如果嘴巴对于味道的好坏，其本来的性质人有很大不同，就像狗、马和我们不同类一样，那么天下人为什么都喜欢易牙的口味呢？说到口味，天下的人都希望调到易牙那样，这是因为天下的嘴巴对味道都有一个相近的标准。对耳朵来说也是这样，说到声音，天下的人都希望奏出师旷那样的音乐，这是因为天下的耳朵对音乐都有一个相近的标准。就是对眼睛来说也是这样。说到子都，天下的人都说他美。如果不认为子都美，那是没有眼睛的人。所以说，嘴巴对于味道，有共同的辨别标准；耳朵对于声音，有共同的听觉；眼睛对于容貌，有共同的美感。至于人的内心，就偏偏没有什么共同的嗜好吗？内心一致的嗜好又是什么呢？是理，是义。圣人不过比我们先获得了大家一致认定的东西。所以理义使我内心畅快，就像猪、狗、牛、羊的肉使我嘴巴舒服。"

【鉴读】

在这里，孟子认为，人类应该有共同的"人心"，这便是"理"和"义"。实际上，二者的本质是不一样的。理义之乐和口福之乐更是不同，一个是精神满足的问题，一个是感官知觉上，也就是物欲满足的问题。前者是抽象的，后者是具体的、物质的，不能混为一谈。

万事万物，只要不推到极端，不说得那么绝对，共同的人性也罢，共同的审美感觉也罢，都的确是存在的。至于说共同的口味，共同的听觉，共同的对于美的欣赏和喜爱，那更是人之常情，无可辩驳的了。关键是我们在承认这些共同性的同时，也要承认个体的差异，承认同中有异，异中有同，辩证地全面地来看。

第八章

【原文】

孟子曰："牛山^①之木尝美矣，以其郊^②于大国也，斧斤伐之，可以为美乎？是其日夜之所息，雨露之所润，非无萌蘖^③之生焉，牛羊又从而牧之，是以若彼濯濯^④也。人见其濯濯也，以为未尝有材焉，此岂山之性也哉？虽存乎人者，岂无仁义之心哉？其所以放其良心者，亦犹斧斤之于木也。旦旦而伐之，可以为美乎？其日夜之所息，平旦之气^⑤，其好恶与人相近也者几希，则其旦昼之所为，有梏亡之矣。梏之反复，则其夜气不足以存；夜气不足以存，则其违禽兽不远矣。人见其禽兽也，而以为未尝有才焉者，是岂人之情也哉？故苟得其养，无物不长；苟失其养，无物不消。孔子曰：'操则存，舍则亡；出入无时，莫知其乡⑥。'惟心之谓与？"

【注释】

①牛山：位于今山东临淄之南。

②郊：动词，意为位于……之郊。

③蘖：树木的新芽。

④濯濯：光秃的样子。

⑤平旦之气：清明之气。

⑥乡：同"向"。

【译文】

孟子说："牛山的树木曾很丰美，因为牛山处在大城市的郊区，有很多人用斧子去砍伐，那还能有丰美吗？尽管树木日夜生长着，雨露在滋润着，不是没有新条嫩芽长出来，却随即又有人在那里放牧牛羊，所以就变得光秃秃的。人们看到牛山光秃秃的，就以为它根本不曾有过高大树木，难道这是山的本来的面目吗？即使以人身上存在的东西来讲，哪里是人的本性就没有仁义之心呢？有人丧失了善良之心，正如斧子砍伐树木一样，天天去砍伐，树木还能丰美吗？人日夜养成的善心，每天天明时产生一点向善的欲望，与一般人相近之处也有一点点；可是第二天白天的所作所为，又使这一点点善心在利欲束缚下丧失了。反复的束缚和丧失向善之心，那么他在夜里养成的一点向善之心就不能保存；夜里养成的向善之心不能保存，他就和禽兽差不多了。人们看到他像禽兽，就认为他不曾有过善良的资质，难道这是人的先天的本性吗？所以如果能得到培养，没有什么东西不会生长起来；如果不能得到培养，没有什么东西不会消亡。孔子说：'抓住它就存在，放弃它就消亡；进出没有一定时候，也就不知道它的方向。'说的就是人心吧？"

【鉴读】

人性虽然本来善良，但如果不加以滋养，而是放任良心失去，那就像用斧头天天去砍伐树木一样，即便是再茂盛的森林也会被砍成光秃秃的。而一旦失去良心，心灵失去把持，还会以为原本就不存在。孟子在这里重点探讨了一个问题——良心。这是我们每一个人与生俱来的东西，本有的善心。

可悲的是，在现实生活中，我们多数人不愿意听从自己良心发出的声音，他会找各种理由做那些并不是发自于本心的事情，任由自己的良心僵化。如何才能保持自己良心时刻清醒存在呢，孟子提出了一系列修养性情的办法，比如放心、养气、寡欲等。这也是我们值得借鉴的修身养性、磨炼心性的方法。

第九章

【原文】

孟子曰："无或①乎王之不智也。虽有天下易生之物也，一日暴之，十日寒之，未有能生者也。吾见亦罕矣，吾退而寒之者至矣，吾如有萌焉何哉？今夫弈之为数②，小数也；不专心致志，则不得也。弈秋，通国之善弈者也。使弈秋诲二人弈，其一人专心致志，惟弈秋之为听。一人虽听之，一心以为有鸿鹄将至，思援弓缴③而射之。虽与之俱学，弗若之矣。为是其智弗若与？曰：非然也。"

【注释】

①或：同"惑"。
②数：技巧。
③缴：系在箭尾的绳子，箭射出去，可以靠它收回。

【译文】

孟子说："对于君王的不明智不要感到疑惑。即使天下最容易生长的植物，晒它一天而冻它十天，它也不会再生长了。我见到齐王的次数太少了，我一离开，那些使他昏庸的人就会到他身边，我对他刚刚萌生的向善之心又能有什么帮助？下围棋作为一门技艺，是种小技巧；但如果不专心致志，是学不好的。弈秋，是全国最善于下围棋的人。假使让他教两个人下棋，其中一个专心致志，弈秋让他怎么做他就怎么做；另一个虽也在听讲，但心里却想着有只天鹅要飞过来，应拿起弓箭去射它。尽管他与前一个人在一起学习，棋艺却不如前一个人。是因为他的智力不如前一个人吗？当然不是这样的。"

【鉴读】

孟子在这里提倡的是，做事情要专心致志，坚持不懈。国家推行仁政是这样，个人的学习修养也是这样。如果在学习的过程中心猿意马，心中躁动，胡思乱想，终将一事无成。有一副对联说明了这个道理："贵有恒何必三更起五更睡，最无益只怕一日曝十日寒"。

一曝十寒，意思同为俗语所说"三天打鱼，两天晒网"，努力少，荒废多，很难奏效。因此，贵在坚持，责在有恒心。有才学的思想家，学问家莫不是如此。不论是大事情上，还是日常的小事情上，我们都应该按照计划安排，踏踏实实完成，克服惰性，专心致志。

第十章

【原文】

孟子曰："鱼，我所欲也，熊掌，亦我所欲也。二者不可得兼，舍鱼而取熊掌者也。生，亦我所欲也，义，亦我所欲也。二者不可得兼，舍生而取义者也。生亦我所欲，所欲有甚于生者，故不为苟得也；死亦我所恶，所恶有甚于死者，故患有所不辟也。如使人之所欲莫甚于生，则凡可以得生者，何不用也？使人之所恶莫甚于死者，则凡可以辟患者，何不为也？由是则生而有不用也，由是则可以辟患而有不为也，是故所欲有甚于生者，所恶有甚于死者。非独贤者有是心也，人皆有之，贤者能勿丧耳。一箪食，一豆①羹，得之则生，弗得则死，呼尔②而与之，行道之人弗受；蹴③尔而与之，乞人不屑也。万钟则不辩礼义而受之。万钟于我何加焉？为宫室之美、妻妾之奉、所识穷乏者得我与？

乡④为身死而不受，今为宫室之美为之；乡为身死而不受，今为妻妾之奉为之；乡为身死而不受，今为所识穷乏者得我而为之，是亦不可以已乎？此之谓失其本心。"

【注释】

①豆：盛装食物的器皿。
②呼尔：吆喝。
③蹴：践踏。
④乡：同"向"，以前。

【译文】

孟子说："鱼是我喜欢的，熊掌也是我喜欢的。如果两样东西不能同时获得，就不要鱼而要熊掌。生命是我热爱的，正义也是我热爱的，如果两样东西不能一齐获得，就牺牲生命去取得正义。生命是我所热爱的，而所爱的东西还有超过生命的，所以我不能因热爱生命就苟且偷生；死亡是我憎恶的，而所憎恶的东西还有超过死亡的，所以祸患也有不躲避的。如果人们所喜爱的东西没有超过生命的，那么凡是可以保存生命的办法，有什么不可以采用呢？如果人们所憎恶的东西没有超过死亡的，那么凡是可以避祸的办法，有什么不可以采用呢？采用这个办法就可以生存，可是有些人却不采用；采用这个办法就可以躲避祸患，可是有些人却不采用。所以说有比生命更值得热爱的东西，有比死亡更令人憎恶的东西。不仅仅贤能的人有这种想法，人人都有这种想法，只不过贤能的人能够不丧失它罢了。一筐饭、一碗汤，得到它就能活命，得不到就要死。如果吆喝着给他，就是过路的穷人也不接受；用脚踢着给他，就连乞丐也不屑。有的人对万钟俸禄却不辨是否合乎礼义就接受了。那么多的俸禄对我能增加点什么呢？为了住宅的豪华、妻妾的侍奉、相识的穷苦人感激我吗？过去宁死也不肯接受的，现在却为了住宅的豪华而接受了；过去宁死也不肯接受的，现在却为了妻妾的侍奉而接受了；过去宁死也不肯接受的，现在却为了相识的穷苦人的感激而接受了。这种行为难道不能停止吗（如果不停止），则丧失了他的本性。"

【鉴读】

"鱼与熊掌"的确是我们的生命历程中经常遇到的两难选择。大而言之，想名又想利；想做官的权势又想不做官的潇洒自由。小而言之，想工作又想休闲。如此等等，不一而足。

孟子在这一章强调了"舍生取义"的节操，正是这种高尚的情怀激励着无数的仁人志士，在危急关头英勇献身，坚守节操，为了人格的尊严和民族的利益不惜牺牲生命。能够舍生取义的人，都是怀有本真之心的人，心地明白敞亮，不受物欲的蒙蔽，不受任何外界因素的干扰。只要本心透彻，就会在选择上无所畏惧，勇往直前。

第十一章

【原文】

孟子曰："仁，人心也；义，人路也。舍其路而弗由，放①其心而不知求，哀哉！人有鸡犬放，则知求之；有放心而不知求。学问之道无他，求其放心而已矣。"

【注释】

①放：放任，失去。

【译文】

孟子说："仁是人的本心；义是人的大道。放弃了大道不走，失去了本心而不知道寻求，真是悲哀啊！有的人，鸡狗丢失了倒晓得去找回来，本心失去了却不晓得去寻求。学问之道没有别的什么，不过就是把那失去了的本心找回来罢了。"

【鉴读】

这一章中，孟子开宗名义地提出"仁是人心，义是人路，学问之道，求其放心"。这是孟子对于性善学说的发挥，直截了当地为人们指明了成就理想人格的道路。

人本有仁义的天性，却因环境的影响而使得这一天性丧失。丧失了仁义的天性却不知去寻找回来，确实可悲。孟子认为，学问之道没别的，无非就是把丧失的善良之心找回来。

　　现代人寻找失去的灵魂。这是二十世纪文学、艺术、哲学所津津乐道的主题之一。原来，早在两千多年前，亚圣孟子就已呼声在前，要求我们寻找自己失去的灵魂（本心）——仁爱之心、正义之道了。时过境迁，孟子的呼唤与我们今天文学、艺术、哲学的现代追求还有没有相通之处？他的呼声还能不能响越百代，发聋振聩于当代国人呢？这是需要大家深思的。

第十二章

【原文】

　　孟子曰："今有无名之指，屈而不信①，非疾痛害事也，如有能信之者，则不远秦、楚之路，为指之不若人也。指不若人，则知恶之；心不若人，则不知恶。此之谓不知类也。"

【注释】

　　①信：同"伸"。

【译文】

　　孟子说："现在有个人的无名指无法伸直，虽不妨碍他正常做事，但如果有人能使它伸直，他就走到秦国、楚国这么遥远的路（去求医），也不觉得远，因为他的手指不如别人。手指不如别人，就知道厌恶；心性不如别人，却不知道厌恶，这就叫不知轻重。"

【鉴读】

　　孟子在这一章中指出了在生活中人人都会犯错误。手指不如人就觉得厌恶，心不如人反而不觉得羞耻。就像是现代社会中，自己的脸不如人家的漂亮，衣服不如人家的时尚，房子不如人家的豪华，车子不如人家的高档，就自己觉得是低人一等。反过来呢，自己的才学、道德修养、精神高度不如别人，反倒是漠然于心，视而不见。

做任何事情，都要把握住关键，尤其是关乎人生的重大选择，应当明白什么是更重要的。对于一个人的完善和成长来说，心性、品质具有根本的意义，决定着一个人的人生走向，因此必须首先看重。

第十三章

【原文】

孟子曰："拱把①之桐、梓，人苟欲生之，皆知所以养之者。至于身，而不知所以养之者，岂爱身不若桐、梓哉？弗思②甚也。"

【注释】

①拱把：指树木的粗细。拱，两手合围。把，一手合围。意即不粗的小树。

②弗思："思"与"弗思"都是孟子使用的专门概念，直译为"不思考"。

【译文】

孟子说："一手合围的小桐树和梓树，人们如果要它生长，都懂得应该如何去培养。至于自身，却不知道如何去培养，难道爱自己还比不上爱桐树、梓树吗？'不思想'真是到了严重的程度！"

【鉴读】

上一章讲养心，这一章讲的是养身，其实都是指培养人的德性或内在品质，即"修身养性"。孟子并没有提出具体养身的方法，在孟子看来，这是一个人人都会的事情，因为人连树都能养活，难道还不知道如何养身吗。这真是咄咄怪事。

那么什么才是根本的养身之法呢。心胸开阔，保持着对生活的热爱，对他人的感恩，对弱者的悲悯，对强者的钦佩，不做损人利己之事，不说断下清浊之语，享受美食，又有所节制地保持健康，享受快乐，又不忘记自己的职责和担当。

第十四章

【原文】

孟子曰："人之于身也，兼所爱。兼所爱，则兼所养也。无尺寸之肤不爱焉，则无尺寸之肤不养也。所以考其善不善者，岂有他哉？于己取之而已矣。体有贵贱，有小大。无以小害大，无以贱害贵。养其小者为小人，养其大者为大人。今有场师①，舍其梧、槚②，养其樲、③棘，则为贱场师焉。养其一指而失其肩背，而不知也，则为狼疾④人也。饮食之人，则人贱之矣，为其养小以失大也。饮食之人无有失也，则口腹岂适为尺寸之肤哉？"

【注释】

①场师：园艺师。
②槚：梓树。
③樲：酸枣。
④狼疾：同"狼藉"。

【译文】

孟子说："人对自己身体的每个部分都爱护。都爱护，就要都保养好。没有一小块皮肤不爱护，就没有一小块皮肤不保养好。所以考察一个人善不善于保养好自己，还有别的办法吗？不过是看他注重身体的哪一部分罢了。身体的组成部分有重要不重要的，有大的有小的，不能因为小的部分而损害了大的部分，不能因为不重要的部分而损害了重要的部分。只保养小的部分的是小人，而保养大的部分的是君子。假如有一位园艺师，不培养梧桐、梓树，却去培养酸枣、荆棘，那他一定不是个合格的园艺师。为了保养好自己的一个指头而丧失了肩背，自己却还知道的人，那他就是个思维混乱的人。只讲究吃喝的人，别人就看不起他，因为他只保养小的部分而失去了大的部分。如果讲究吃喝的人没有丢开品德的修养，那么吃喝的目的难道就仅仅是为了长一点儿皮肉吗？"

"养其小者为小人，养其大者为大人"，何者为大，何者为小，孟子并没有明说。但是我们可以推测到，所谓"大者"是指性本善以及恻隐、恭敬、是非之心，而所谓"小者"乃是指我们的感觉器官。对于人来说，有各种各样的需要，但是这些需要对于人的意义是不同的，有低级的需要，有高级的需要。如果一个人仅仅追求低级需要而忘记了人之根本，这就是本末倒置，不知轻重。

赵岐注《孟子》说："只晓得吃喝的人之所以受到人们鄙视，是因为他保养口腹而失去道德。如果他不失道德，保养口腹也没有什么不好。所以，一个人吃喝不仅仅是为了长一身细皮肥肉，也是为了培养仁义道德啊！"

第十五章

【原文】

公都子问曰："钧①是人也，或为大人，或为小人，何也？"

孟子曰："从其大体为大人，从其小体为小人。"

曰："钧是人也，或从其大体，或从其小体，何也？"

曰："耳目之官②不思，而蔽由物。物交物，则引之而已矣。心之官则思，思则得之，不思则不得也。此天之所与我③者。先立乎其大者，则其小者不能夺也。此为大人而已矣。"

【注释】

① 钧：同"均"，同。
② 官：五官之"官"。
③ 我：人类。

【译文】

公都子问："同样的人，有的人成了君子，而有的人成了小人，这是为什么呢？"孟子说："注重依从身体重要器官需要的成了君子，只注重满足身体次要器官欲望的成了小人。"公都子说："同样是人，有的注重依从身体重要器官的需要，有的只注重满足身体次要器官的欲望，又是为什么呢？"孟子说："耳朵眼睛这些器官没有思考功能，因而被外物所蒙蔽。它们仅仅是物，它们一与外物相接触，就只能被外物引向迷途了。心这个器官的功能是思考，运用心的思考功能就会获得仁义，不思考就得不到。这是上天赋予人类的重要器官。先确立重要器官的作用，那么次要器官就无法把人的本性夺去，这样就能成为君子。"

【鉴读】

这一章正好可以作为上一章的补充。上一章是从否定的方面讲了"养小失大"的害处，这一章则从正面来说怎样树立"大"的问题。而且，所谓"大"、"小"也很清楚了；"心"是体之大者，也是体之贵者；其他器官如眼睛、耳朵等都只是体之小者，体之贱者。所以要树立心的统率作用，只要心的统率作用树立起来，其他感官也就不会被外物所蒙蔽而误入歧途了。

所谓"心之官则思"成了后世的名言，"思则得之，不思则不得"更是强调了思考对人的重要性。联系到本篇所记载孟子对于人与动物区别的一系列论述来看，这里所说的"此天之所与我者"实际上正是用"心之官则思"这一人类所独有的特点来划分人与动物的界限，弘扬心灵的思考对于人类的重要意义。这实际上也已经触及了感性与理性，感觉与理解的关系问题。

第十六章

【原文】

孟子曰："有天爵者，有人爵者。仁义忠信，乐善不倦，此天爵也；公卿大夫，此人爵也。古之人修其天爵，而人爵从之。今之人修其天爵，以要①人爵；既得人爵，而弃其天爵，则惑之甚者也，终亦必亡而已矣。"

【注释】

①要：即"邀"，求取，追求。

【译文】

孟子说："有天赐的爵位，有人授的爵位。仁义忠信，不厌倦地乐于行善，这是天赐的爵位；公卿大夫，这是人授的爵位。古代的人修养天赐的爵位，水到渠成地获得人授的爵位。现在的人修养天赐的爵位，其目的就在于得到人授的爵位；一旦得到人授的爵位，便抛弃了天赐的爵位。这可真是糊涂得很啊！最终连人授的爵位也必定会失去。"

【鉴读】

孟子讲"天爵"、"人爵"，实际上是在说人的精神追求和物质追求。按照孟子的观点，精神追求到了一定的高度，物质追求便会随之而来。具体说所谓"天赐"，只是一种比拟性的说法，天爵实际上是精神的爵位，内在的爵位，无须谁来委任封赏，也无法世袭继承。人爵则是偏于物质的、外在的爵位，必须靠人委任，或封赏或世袭。

时代发展到民主的今天，社会贵族（至少在名分上）已日趋消亡，而精神贵族（按照我们这里的特定含义，而不是通常的意义）却长存。回过头来说，孔、孟又何尝不是他们时代的精神贵族呢？这样的精神贵族，即使是在我们当代，是不是也多多益善呢？在我们的时代里，还有多少这样纯粹的精神贵族呢。

第十七章

【原文】

孟子曰："欲贵者，人之同心也。人人有贵于己者，弗思耳矣。人之所贵者，非良贵也。赵孟①之所贵，赵孟能贱之。《诗》云：'既醉以酒，既饱以德。'言饱乎仁义也，所以不愿人之膏粱②之味也；令闻广誉施于身，所以不愿人之文绣也。"

【注释】

①赵孟：春秋时晋国的大臣赵盾，孟是他的字。
②膏粱：珍馐美味。

【译文】

　　孟子说："希望尊贵是人们的共同心态。但每个人自己身上都有值得自己尊贵的地方，只是没有想过罢了。别人给予的尊贵，并不是真正的尊贵。赵孟所给予尊贵的人，赵孟也同样能使他低贱。《诗经·大雅·既醉》说：'酒已经喝得酣畅了，德行也已经饱受了。'说的是仁义之心已经具备了，因而也就不羡慕别人珍馐佳肴的美味了；广为赞誉的美好名声已归于自身，也就不希望别人的绣花衣服了。"

【鉴读】

　　孟子认为，每个人都有自己认为有价值的东西，但是并不是每个人都考虑过什么最值得追求。"欲贵者，人之同心也"，这反映了生活中的一个常识，明白地道出了世态人情。每个人都是有追求的，渴求自己是尊贵的，被他人所尊重敬仰，同时也为了这个目标而不断努力着。

　　人人都渴望被尊重，要自尊自贵，关键要知道自己有值得尊贵的东西，这就是孟子所说"人人有贵于己者"。在孟子看来，世上有两种尊贵的东西，一是外在的，即膏粱文绣，这是要靠别人给予的；二是内在的，即仁义道德，这是不靠别人给予而要靠自己良心发现、自己培育滋养的。前者并不是真正尊贵的东西，因为别人可以给予你也可以剥夺你；后者才是真正尊贵的，别人不可剥夺的。正如孟子引曾子所言："彼以其富，我以吾仁；彼以其爵，我以吾义。吾何慊（少）乎哉？"（《孟子·公孙丑下》）这是自尊自责的典范。

　　孟子的这些思想，对于我们今天文人们所提出的保持社会良心地位，"抵抗"金钱与物欲的诱惑，是不是有积极意义呢？

第十八章

【原文】

　　孟子曰："仁之胜不仁也，犹水胜火。今之为仁者，犹以一杯水救一车薪之火也；不熄，则谓之水不胜火，此又与①于不仁之甚者也，亦终必亡而已矣。"

【注释】

①与：助。

【译文】

孟子说："仁胜过不仁，就像水可以灭火一样。但如今奉行仁道的人，就像用一杯水去灭一车柴草所燃烧的大火一样；灭不了，没说是水不能够灭火。这样的说法正好又大大助长了那些不仁之徒，结果连他们原本奉行的一点点仁道也必然会最终失去。"

【鉴读】

杯水车薪，自然是无济于事。不审时度势，反省自己是否尽到了努力，而是自以为火不可灭，灰心丧气，放弃斗争。长他人志气，灭自己威风，这实际上是助纣为虐。

如今，我们总是听到，社会公德丧失了，人的道德水平下降了，没有人讲道德了，没有人主持公道了，于是大家群起而效尤，大家都不约束自己，都不遵守社会公德，原本的那一点认识和良心也黯淡下来，任由自己随波逐流，融于社会的大染缸之中。这难道不是大多数人的做法吗？难道不值得好好地反省一下吗？

第十九章

【原文】

孟子曰："五谷者，种之美者也；苟为不熟，不如荑稗①。夫仁，亦在乎熟之而已矣。"

【注释】

①荑稗：荑，稗类的草。稗，稗子，低产谷物。

【译文】

孟子说："五谷是庄稼中的好品种，假如不成熟，还不如稗子。仁，也要讲究成熟。"

【鉴读】

仁义，在孟子看来，就好像是良好的种子一样，种下去以后生根发芽，耐心呵护，最终使之成熟收获。孟子在这里以谷子喻仁，谷子成熟之后才能收获，仁亦是如此，需要竭尽全力，如果不尽力就半途而废，没有付出全部的努力使其达到完美的境界，也是丝毫不值得称道的。

第二十章

【原文】

孟子曰："羿之教人射，必志于彀①；学者亦必志于彀。大匠诲人必以规矩，学者亦必以规矩。"

【注释】

①志：期望。彀：拉满弓。

【译文】

孟子说："羿教人射箭，总是期望把弓拉满，学的人也总是期望把弓拉满。高明的工匠教人手艺必定依照一定的规矩，学的人也就必定依照一定的规矩。"

【鉴读】

孟子这里是说，做事情要一步一个脚印，遵循一定的方法和法度。没有规矩，不成方圆。小至手工技巧，大至安邦定国，治理天下，凡事都有法可依，有规律可循。

如果我们没有这些规则，按照自己的想法，想怎么做就怎么做，必然会走不少弯路。

第十二篇　告子下

第一章

【原文】

任人^①有问屋庐子^②曰：“礼与食孰重？”

曰：“礼重。”

“色与礼孰重？”

曰：“礼重。”

曰：“以礼食，则饥而死；不以礼食，则得食，必以礼乎？亲迎，则不得妻；不亲迎，则得妻，必亲迎乎？”

屋庐子不能对，明日之邹，以告孟子。

孟子曰：“於答是也何有？不揣其本，而齐其末，方寸之木可使高于岑^③楼。金重于羽者，岂谓一钩金与一舆羽之谓哉？取食之重者与礼之轻者而比之，奚翅^④食重？取色之重者与礼之轻者而比之，奚翅色重？往应之曰：‘紾^⑤兄之臂而夺之食，则得食；不紾，则不得食，则将紾之乎？逾东家墙而搂其处子，则得妻；不搂，则不得妻，则将搂之乎？’”

【注释】

①任人：任国人。任国在今山东省济宁市。
②屋庐子：名连，孟子的弟子。
③岑：高。
④翅：辞。
⑤紾：扭、转。

【译文】

有任国人问屋庐子：“礼仪与饮食相比哪个更重要呢？”

屋庐子说：“礼仪。”

任国人又问：“男女关系与礼仪相比哪一个更重要？”

屋庐子说:"礼仪。"

任国人说:"按礼仪去找东西吃,就得饿死;不按礼仪找东西吃,就能吃到,也一定要按照礼仪吗?按礼仪去迎亲,就娶不到妻子;不按礼仪去迎亲,就娶得到妻子,也一定得按礼仪吗?"

屋庐子不能应答。第二天他到邹国去,将此事告知孟子。

孟子说:"回答这样的问题有什么难呢?不把握根本而去比较末端,一寸厚的木板放在高处可以使它比高楼还高。金属比羽毛重,难道是说一个小金属带钩的重量比一车羽毛的重量重吗?拿饮食的重要性与礼仪的细枝末节来比较,岂止是饮食的问题重要呢?拿男女关系的重要性与礼仪的轻微处来比较,岂止是男女关系重要呢?你去回答他:'扭着兄长的手臂来夺食物,就可以得到食物,不扭就没有,你会扭着兄长的手臂吗?翻过东边邻屋的墙去抢他家的姑娘,就可以得到妻子;不去抢,就得不到,你会去抢她吗?'"

【鉴读】

《告子下》在一定程度上是对《告子上》所阐述观点的进一步深入,在这一卷中,孟子着重强调了礼的问题,仁义的问题,提出了重礼。在孟子的思想里,礼对于整个社会以及个人都是非常重要的。作为他律的重要准则,礼是儒家行为规范不可或缺的东西。礼的最根本的意义在于,在社会生活中不能伤害或者损害他人的利益,任国人所说的,犯的就是以偏概全的毛病,推究起来其结果必然是为了自己的利益不惜牺牲他人的利益。孟子进行了诙谐的批驳,从中透露出对于礼的强调。

第二章

【原文】

曹交①问曰:"人皆可以为尧舜,有诸?"

孟子曰:"然。"

"交闻文王十尺,汤九尺,今交九尺四寸以长,食粟而已,如何则可?"

曰："奚有于是？亦为之而已矣。有人于此，力不能胜一匹雏，则为无力人矣；今曰举百钧，则为有力人矣。然则举乌获②之任，是亦为乌获而已矣。夫人岂以不胜为患哉？弗为耳。徐行后长者谓之弟③，疾行先长者谓之不弟。夫徐行者，岂人所不能哉？所不为也。尧舜之道，孝弟而已矣。子服尧之服，诵尧之言，行尧之行，是尧而已矣。子服桀之服，诵桀之言，行桀之行，是桀而已矣。"

曰："交得见于邹君，可以假馆，愿留而受业于门。"

曰："夫道若大路然，岂难知哉？人病不求耳。子归而求之，有余师！"

【注释】

①曹交：曹国国君弟。
②乌获：传说中的大力士。
③弟：同"悌"。孝悌之"悌"。

【译文】　、

曹交问道："人人都能够成为尧舜，这样的说法正确吗？"

孟子说："正确"。

曹交问："听说周文王身高十尺，商汤王身高九尺，现在我九尺四寸多一点，只会吃饭，怎样才能成为尧舜呢？"

孟子说："这和身高有什么关系呢？只要去做就行了。这里有个人，力量不能提起一只小鸡，那就是没力气的人了；现在说他能举起三千斤，那就是有力气的人了。那么，要是举得起乌获能举起的重量，这样他就成了乌获了。人难道最担心的是不胜任吗？而是不去做罢了。慢慢地走在长者后面就可说是孝悌，快步走在长者前面就是不孝。慢慢地走这件事，难道是人们做不到的吗？而是不做罢了。尧舜的美德，只是孝悌而已。你穿尧的衣服，讲尧的话，做尧的事，你就是尧了。你穿桀的衣服，讲桀的话，做桀的事，你就是桀了。"

曹交说："我要拜见邹国国君，向他借一所客馆，我要留下来在您门下学习。"

孟子说："圣人的大道像大路一样，难道很难知晓吗？只怕人们不去探求罢了。你可以回去自己探求，老师很多。"

【鉴读】

这一章是说后天学习的重要性。"人皆可以为尧舜",学习圣贤,人人皆可以为圣贤。孟子认为,圣贤和凡人没有本质上的差别,圣人是先知先觉的,凡人是后知后觉,不论知觉的早晚,最终够能获得自己追求的理想人格。而追求圣贤并不是什么大字眼,其实就是以仁义道德之心,踏踏实实做人,勤勤恳恳办事。在具体生活中,并不是见义勇为,舍生取义才是圣贤之举,从身边的小事做起才是真谛,空谈道德,没有任何意义。

第三章

【原文】

公孙丑问曰:"高子①曰:'《小弁》②,小人之诗也。'"

孟子曰:"何以言之?"

曰:"怨。"

曰:"固哉,高叟之为诗也!有人于此,越人关弓而射之,则己谈笑而道之;无他,疏之也。其兄关弓而射之,则己垂涕泣而道之:无他,戚之也。《小弁》之怨,亲亲也。亲亲,仁也。固矣夫,高叟之为诗也!"

曰:"《凯风》③何以不怨?"

曰:"《凯风》,亲之过小者也;《小弁》,亲之过大者也。亲之过大而不怨,是愈疏也;亲之过小而怨。是不可矶④也。愈疏,不孝也;不可矶,亦不孝也。孔子曰:'舜其至孝矣,五十而慕。'"

【注释】

①高子:有人认为即从子夏学诗的高行子。

②《小弁》:《诗经·小雅》中的一篇,旧说是指责周幽王的诗。周幽王先娶申后,生宜臼,立为太子;后宠褒姒,改立褒姒之子伯服为太子,废申后及太子宜臼。此诗述说的就是宜臼的哀伤、怨恨之情。传说是宜臼的老师所作。

③《凯风》：《诗经·邶风》中的一篇。旧说卫国有个已有七个儿子的母亲想改嫁，于是七个儿子作此诗来自责不孝，以使母亲感悟。

④矶：激怒。

【译文】

公孙丑问道："高子说：'《小弁》这篇诗是小人作的。'是吗？"

孟子说："为什么这么说呢？"

公孙丑说："因为诗中有怨恨。"

孟子说："高老先生的诗论太呆板了！如果有一个人，越国人拉开弓去射他，事后他可以有说有笑地讲这件事；没有别的原因，只因为和越国人关系疏远。如果是他哥哥拉开了弓射他，事后他就会哭哭啼啼地讲这件事；没有别的原因，只因为和哥哥关系亲近。《小弁》表达的怨恨，出自于对亲人的热爱，热爱亲人就是仁的表现。太呆板了，高老先生这样的诗论！"

公孙丑问："《凯风》这首诗为什么没有怨恨情绪？"

孟子说："《凯风》是由于亲人的过错小，《小弁》是由于亲人的过错大。父母亲的过错大却不怨，是愈加疏远他们；父母亲的过错小却怨恨，是不应该的激怒。愈加疏远他们是不孝，不应该的激怒也是不孝。孔子说：'舜该是最孝了吧，五十岁还慕恋父母。'"

【鉴读】

这一章体现了孟子对《诗经》的解读，与其他人穿凿附会的解释不同，按照现代人的观点，孟子在这里加入了心理学的因素。从写诗人的心理去分析诗歌的内涵，使诗歌更为贴近人情，对诗歌感情的阐释和抒发提供了可以参考的摹本。这一方式是孟子自己提出的"不以文害辞，不以辞害意"这一理念的最好诠释。

同时，这里也涉及了孟子对于孝道的看法，爱自己的亲人就是仁的表现，世上从没有不爱自己的亲人而能爱别人的人，爱自己的亲人，然后推己及人，这才是正常的。另外，对于父母所犯的过错，子女应该按照自然的感情去宣泄，最终矛盾是会缓和的。

孟子对于诗经的讨论和对孝道的论述，对今人仍有重要意义。

第四章

【原文】

宋牼①将之楚，孟子遇于石丘②，曰："先生将何之？"

曰："吾闻秦楚构兵，我将见楚王说而罢之。楚王不悦，我将见秦王说而罢之。二王我将有所遇③焉。"

曰："轲也请无问其详，愿闻其指。说之将何如？"

曰："我将言其不利也。"

曰："先生之志则大矣，先生之号④则不可。先生以利说秦楚之王，秦楚之王悦于利，以罢三军之师，是三军之士乐罢而悦于利也。为人臣者怀利以事其君，为人子者怀利以事其父，为人弟者怀利以事其兄，是君臣、父子、兄弟终去仁义，怀利以相接，然而不亡者，未之有也。先生以仁义说秦楚之王，秦楚之王悦于仁义，而罢三军之师，是三军之士乐罢而悦于仁义也。为人臣者怀仁义以事其君，为人子者怀仁义以事其父，为人弟者怀仁义以事其兄，是君臣、父子，兄弟去利，怀仁义以相接也，然而不王者，未之有也。何必曰利？"

【注释】

①宋牼：姓宋名牼。战国著名学者。

②石丘：地名。

③遇：遇合。指被国君听从。

④号：打的旗号。

【译文】

宋牼要到楚国去，孟子在石丘遇到他，问道："先生要到哪里去呢？"

宋牼说："我听说秦、楚要打仗，我到楚国去，游说楚国罢兵；如果楚王不听我的，我再到秦国劝说秦王罢兵。他们两人中肯定有人听从我的。"

孟子说："我不问您具体的游说办法，我只想听听您劝谏他们的主要内容。您想怎样劝他们呢？"

宋牼说："我将说战争的危害。"

孟子说："您的理想算是远大了，但您的名义则不行。先生用利害关系游说秦、楚国君，秦王、楚王贪图利益罢兵，这样士兵是因为有利益才乐于罢兵的。做人大臣的，抱着求利的目的去侍奉君主；做人儿子的，抱着求利的目的去侍奉父亲；做人弟弟的，抱着求利的目的去侍奉兄长。这样的话，君臣之间、父子之间、兄弟之间最终会没有仁义，只能以互相利用的目的去交往。这样还能保存国家，是不可能的。先生如果用仁义去劝说秦王、楚王，秦王、楚王喜欢仁义而罢兵，这样士兵们都喜欢罢兵并都喜欢仁义了。做人大臣的，心中存着仁义去侍奉君王；做人儿子的，心中存着仁义去侍奉父亲；做人弟弟的，心中存着仁义去侍奉兄长；这样君臣之间，父子之间、兄弟之间就摆脱了利益关系，而用仁义的方式相互交往，这样还不能称王于天下的，还没有发生过。何必一开口就说到利呢？"

【鉴读】

这一章谈的仍旧是孟子的义利观。孟子是维护和平的，但是指出和平的前提是仁义，而不是利害关系。如果用利害关系去换得一时的和平，早晚也会失去和平，不仅失去和平，还会失去国家，失去天下。因为，基于利害关系的和平，实际上隐伏着很多不和平的因素，这就是人与人之间都以利害关系相互对待，一旦利害关系发生冲突，必然导致争斗，失去稳定与和平。相反，如果以仁义为前提赢得和平，则会保持长久的稳定与发展，不仅不会失去和平，而且还会使天下人心归服，安定统一。这是因为，基于仁义的和平，使人与人之间都以仁义道德相互对待，没有根本的利害冲突，人人忠诚谦让，仁爱正义。

第五章

【原文】

孟子居邹，季任①为任处守，以币交，受之而不报。处于平陆②，储子为相，以币交，受之而不报，他日，由邹之任，见季子；由平陆之齐，不见储子。屋庐子喜曰："连③得间矣。"问曰："夫子之任，见季子；之齐，不见储子，为其为相与？"

曰："非也；《书》曰：'享多仪，仪不及物曰不享，惟不役志于享。'为其不成享也。"

屋庐子悦。或问之。屋庐子曰："季子不得多邹，储子得之平陆。"

【注释】

①季任：任国国君的弟弟。
②平陆：齐国地名，即今山东省汶上县。
③连：屋庐子的名。

【译文】

孟子居住在邹国的时候，季任留守任国，代理国政，送礼物来结交孟子，孟子收了礼物却不回谢。孟子居住在平陆的时候，储子担任齐国的相，送礼物来结交孟子，孟子收了礼也不回谢。后来，孟子从邹国到了任国，拜访了季子；从平陆到了齐国，却不拜访储子。屋庐子高兴地说："我发现老师的差错了。"就问孟子道："老师到了任国，拜访了季子；到了齐国，不拜访储子，是因为储子只担任相吗？"

孟子说："不是。《尚书》上说：'进献礼品看重礼仪，礼仪配不上礼品，就叫没有进献，因为心意不在进献上。'这是因为它不成为进献的缘故。"

屋庐子听了很高兴。有人问起这件事，屋庐子说："季子在代理国政，不能亲自到邹国去，而储子作为卿相是能亲自到平陆去的。"

【鉴读】

这一章重点强调了人际间礼仪和礼节的重要性。孟子强调的礼节主要是诚心去遵守礼节，用心去结交，而不是流于表面的形式。"千里送鹅毛，礼轻情意重。"礼物本身并不重要，重要的是礼物背后的那份真情意。我国是一个崇尚礼节的礼仪之邦，尤其是越来越国际化的今天，我们更要以礼显示出我们这个国家的风度和魅力。

第六章

【原文】

淳于髡曰:"先名实者,为人也。后名实者,自为也。夫子在三卿之中,名实未加于上下而去之,仁者固如此乎?"

孟子曰:"居下位,不以贤事不肖者,伯夷也;五就汤,五就桀者,伊尹也;不恶污君,不辞小官者,柳下惠也。三子者不同道,其趋一也。一者何也? 曰:仁也。君子亦仁而已矣,何必同?"

曰:"鲁缪公之时,公仪子为政,子柳、子思为臣,鲁之削也滋甚。若是乎贤者之无益于国也!"

曰:"虞不用百里奚而亡,秦穆公用之而霸。不用贤则亡,削何可得与?"

曰:"昔者王豹①处于淇,而河西善讴。绵驹②处于高唐,而齐右善歌。华周、杞梁之妻善哭其夫,而变国俗。有诸内必形诸外。为其事而无其功者,髡未尝睹之也。是故无贤者也,有则髡必识之。"

曰:"孔子为鲁司寇,不用;从而祭,燔肉不至。不税冕③而行。不知者以为为肉也,其知者以为为无礼也。乃孔子则欲以微罪行,不欲为苟去。君子之所为,众人固不识也。"

【注释】

①王豹:卫国人,著名歌唱家。
②绵驹:齐国人,著名歌唱家。
③税冕:脱帽。税,同"脱"。

【译文】

淳于髡说:"有人把名声和事功看得很重,还是有志于拯救天下的;有人不看重声名和事功,而是想独善其身的。先生位在齐国三卿之中,名声和事功还没有得到齐王和下属的认可就离去了,仁者就这样吗?"

孟子说:"处在较低的地位上,不用自己的贤才去侍奉水平不高的人，伯夷是这样；五次到商汤那里，又五次到夏桀那里，伊尹是这样；不把侍奉不好的君王当成耻辱，也不推辞小官，是柳下惠。三个人做法不同，但他们根本上是相同的。相同的是什么呢？也就是仁爱。君子也就是仁爱罢了，为何做法都一样呢？"

淳于髡说："鲁缪公的时候，公仪子做鲁国国相，子柳、子思做大臣，可鲁国的削弱更加严重了。像这种情况说明贤人大概对国家没什么好处吧！"

孟子说："虞国不重用百里奚就亡国了，秦穆公重用百里奚从而称霸于诸侯。不用贤人国家就会灭亡，即使想生存，能得到吗？"

淳于髡说："过去歌唱家王豹住在淇水附近，河西的人都善唱歌；绵驹住在高唐，齐国西部都善唱歌；华周和杞梁的妻子会哭她们的丈夫，国家的风俗因而改变。内在有什么内容一定会表现出来。做了事情竟没什么功劳，我还从没见过。所以，齐国没有贤人，要是有，我一定能知道。"

孟子说："孔子做鲁国的司寇，不被重用，跟随国君祀，祭肉也没送给大夫。孔子没脱礼帽就离开了鲁国。不知道情况的人还以为孔子是因为没分到祭肉离开鲁国的，知道情况的人知道孔子是因为鲁君与季孙氏不知礼术才离开的。孔子想以轻微的罪名离开鲁国，他不想随便离开。君子的行为，大众本来就是不知道的。"

【鉴读】

这一章传递出孟子对待"名实"的看法。孟子所认为的实指的不是现实中的功名，而是君子所践行的仁，贤德之人无论在什么时候什么地点都在践行仁，只要不背离仁这个君子之道，那么就算得上是实至名归了。如果不能践行仁，这样的人是虚名而无实。

孟子认为，君子以仁义等政治主张得到推行为目的，名誉、事功等都是为此服务。如果没有使自己的主张实现，名誉、事功都是毫无意义的。而孟子离开齐国，其实因为他应该当齐宣王之师，而齐宣王只把他当做臣，这大概就是孟子没明说的原因。

第七章

【原文】

孟子曰："五霸①者，三王之罪人也；今之诸侯，五霸之罪人也；今之大夫，今之诸侯之罪人也。天子适诸侯曰巡狩，诸侯朝于天子曰述职。春省耕而补不足，秋省敛而助不给。入其疆，土地辟，田野治，养老尊贤，俊杰在位，则有庆；庆以地②。入其疆，土地荒芜，遗老失贤，掊克③在位，则有让。一不朝，则贬其爵；再不朝，则削其地；三不朝，则六师移之④。是故天子讨而不伐⑤，诸侯伐而不讨。五霸者，搂⑥诸侯以伐诸侯者也，故曰，五霸者，三王之罪人也。五霸，桓公为盛。葵丘之会，诸侯束牲载书而不歃血。初命曰：'诛不孝，无易树子，无以妾为妻。'再命曰：'尊贤育才，以彰有德。'三命曰：'敬老慈幼，无忘宾旅。'四命曰：'士无世官，官事无摄⑦，取士必得，无专杀大夫。'五命曰：'无曲防⑧，无遏籴⑨，无有封而不告。'曰：'凡我同盟之人，既盟之后，言归于好。'今之诸侯皆犯此五禁，故曰：今之诸侯，五霸之罪人也。长君之恶其罪小，逢君之恶⑩其罪大。今之大夫皆逢君之恶，故曰：今之大夫，今之诸侯之罪人也。"

【注释】

①五霸：春秋时期五个诸侯。

②庆以地：增加封地作为奖励。

③掊克：聚敛钱财的人。

④六师移之：天子的军队去讨伐该诸侯。

⑤讨而不伐：只声讨而不亲自攻伐。讨，宣布罪状并命下属攻伐。伐，奉命进攻。

⑥搂：联合。

⑦官事无摄：不要一身兼多任。

⑧曲防：到处修建堤坝。

⑨遏籴：禁止粮食买卖。

⑩逢君之恶：引导君主走向错误。

【译文】

孟子说："春秋五霸是三王的罪人。现在的诸侯又是五霸的罪人；现在的大夫又是现在诸侯的罪人。天子去诸侯那里视察，叫巡狩。诸侯朝觐天子，叫做述职。春天视察耕种的情况，帮助不能度过春荒的人，秋天视察收成情况，救济不能生活的穷人。到了诸侯的封地，见荒地开垦了，农田管理得很好，老年人得到了奉养，又尊重贤德之人，有本事的人都有一定的职位，就奖励，以封赏更多的土地去奖励。到了诸侯的封地，看到土地荒芜，老人没得到供养，又不尊重贤德之人，贪财的人还在高位，就要谴责。一次不朝觐就贬损他的爵位；第二次不朝觐就缩小他的封地；第三次再不朝觐，天子就会指派军队讨伐这个诸侯。所以天子只声讨而不征伐，诸侯只征伐而不可声讨。五霸，是联合一部分诸侯攻打别的诸侯。所以说：五霸是三王的罪人。春秋五霸之中，齐桓公功业最大。他在葵丘会盟诸侯，只是把祭祀的牲口捆起来，并没有杀掉，把会盟的文书放在牲口身上，也没有吸血。第一次盟誓说：'诛杀不孝的人，不要轻易废掉嫡子，不要把妾当成正妻。'第二次盟誓说：'尊重贤人，培育人才，表彰道德高尚的人。'第三次盟誓说：'尊敬老人，爱护小孩，不要忘掉宾客和旅行者。'第四次盟誓说：'士人不能世袭职位，也不能一人身兼数职，一定要选拔士人，不能任意杀戮大夫。'第五次盟誓说：'不能随意修筑堤防危害邻国，当发生饥荒时，不能禁止邻国从自己国家买粮食，不能有封爵而不告知天子。'并说：'凡是一起盟誓的，已盟誓之后，要相互和好，不能打仗。'现在的诸侯都违反这五种禁令，所以说，今天的诸侯是五霸的罪人。帮助君王犯错误，罪还不算大。引导君王犯错误，罪过就大了。现在的大夫，都在引导君王犯错误，所以说：现在的大夫，是现在诸侯的罪人。"

【鉴读】

本章孟子用递进论证法，层层论证，批评了当时的诸侯只顾获取自己的私利，毫无社会责任意识，从反面阐述了他的王道主张，期望在王道基础上建立一个和谐、有序、职责分明的社会秩序。孟子的想法今天仍旧具有借鉴意义。

第八章

【原文】

鲁欲使慎子①为将军。孟子曰："不教民而用之，谓之殃民。殃民者，不容于尧舜之世。一战胜齐，遂有南阳②，然且不可——"慎子勃然不悦曰："此则滑厘所不识也。"曰："吾明告子。天子之地方千里；不千里，不足以待诸侯。诸侯之地方百里；不百里，不足以守宗庙之典籍。周公之封于鲁，为方百里也，地非不足，而俭于百里。太公之封于齐也，亦为方百里也；地非不足也，而俭于百里。今鲁方百里者五，子以为有王者作，则鲁在所损乎，在所益乎？徒取诸彼以与此，然且仁者不为，况于杀人以求之乎？君子之事君也，务引其君以当道，志于仁而已。"

【注释】

①慎子：名滑厘，据说是一个善于用兵的人。
②南阳：地名，在泰山西南面，本属于鲁，后被齐侵夺。

【译文】

鲁国打算叫慎子担任将军。孟子说："不先教导百姓就用他们打仗，这叫坑害百姓。坑害百姓的人，在尧、舜时代是不容身的。现在即使鲁国一仗就打赢了齐国，收回了南阳，这样也还是不行。"慎子顿时不高兴地说："这真是我慎滑厘所不明白的了。"孟子说："我来明白地告诉你。天子的土地方圆千里；如果不到方圆千里，就不够条件接待诸侯。诸侯的土地方圆百里；如果不足方圆百里，就不够条件奉守宗庙里的典籍。当年周公分封在鲁地，是方圆百里的土地；土地不是不够，但也只不过方圆百里。太公分封在齐地，也是方圆百里的土地；也不是土地不够，却只不过方圆百里。现在鲁国的土地有五个方圆百里那么大，你认为如果有圣王出现，那么鲁国是在土地应该削减之列呢，还是在应该增加之列呢？不费力就把那里的土地取来并入这里，仁人对这样的事尚且不干，何况用杀人来求取土地呢？君子侍奉君主，只该专心一意地引导君主走正道，立志于仁义罢了。"

【鉴读】

孟子在这一章中，一再强调"仁"的作用。不用仁义教导人民而让人民去打仗这就是残害人民。作为臣子，不是说要为君主开辟土地，臣子的责任在于如何引导君主走上正道，施行仁政。这才是臣子的责任。

在孟子看来，和平当然是很重要的，所以，他也非常支持维护和平的行为。但是，和平的前提是仁义，而不是利害关系。如果用利害关系去换得一时的和平，早晚也会失去和平，不仅失去和平，还会失去国家，失去天下。因为，基于利害关系的和平，实际上隐伏着很多不和平因素，这就是人与人之间都以利害关系相互对待，一旦利害关系发生冲突，必然导致争斗，失去稳定与和平。相反，如果以仁义为前提赢得和平，则会保持长久的稳定与发展，不仅不会失去和平，而且还会使天下人心归服，安定统一。

应该认为，从理论上说，孟子的学说是很有道理的，也是能够自圆其说的。我们今天不是也依然呼唤"让世界充满爱"，呼唤世界的长期稳定与和平吗？

第九章

【原文】

孟子曰："今之事君者，皆曰'我能为君辟土地，充府库。'今之所谓良臣，古之所谓民贼也。君不乡道①、不志于仁，而求富之，是富桀也。'我能为君约与国②，战必克。'今之所谓良臣，古之所谓民贼也。君不乡道、不志于仁而求为之强战，是辅桀也。由今之道，无变今之俗，虽与之天下，不能一朝居也。"

【注释】

①乡道：向往道德。乡，同"向"，向往。
②与国：盟国。

【译文】

孟子说："如今服侍国君的人都说：'我能为国君开拓土地，充实府库。'如今所说的好臣子，正是古代所说的残害百姓的人。国君不向往道德，不立志行仁，却去想法让他富有，这等于是去让夏桀富有。又说：'我能够替国君邀约盟国，每战一定胜利。'如今所说的好臣子，正是古代所说的残害百姓的人。国君不向往道德，不立志行仁，却去想法让他武力强大，这等于是去帮助夏桀从如今这样的道路走下去，不改变如今的风俗习气，即便把整个天下给他，也是一天都坐不稳的。"

【鉴读】

所谓"今之事君者"的说法，显然是富国强兵的说法，而孟子所反对的，正是这种不行仁政而穷兵黩武的做法。所以他深恶痛绝地说："今之所谓良臣，古之所谓民贼也。"把那些自夸能富国强兵的人称为"民贼"。这实际上是"富国强兵"与"仁义道德"之间的冲突。

在孟子的时代，战争与仁义道德，至少在孟子的思想上是格格不入的。正因为这样，他才一贯反对靠战争、靠军事力量取胜的"霸道"，而主张靠政治，靠仁义道德吸引人、感化人的"王道"。这是仁义道德与"强兵"的冲突。至于"富国"，讲的是"利"，追求的是"辟土地，充府库"，这与他所说的"以义治国，何必言利"正是针锋相对的观点。遭到他的反对更是理所当然的了。

第十章

【原文】

白圭①曰："吾欲二十取一，何如？"

孟子曰："子之道，貉②道也。万室之国，一人陶，则可乎？"

曰："不可，器不足用也。"

曰："夫貉，五谷不生，惟黍生之；无城郭、宫室、宗庙祭祀之礼，无诸侯币帛饔飧③，无百官有司，故二十取一而足也。今居中国，去人伦，无君子，如之何其可也？陶以寡，且不可以为国，况无君子乎？欲轻之于尧、舜之道者，大貉小貉也；欲重之于尧舜之道者，大桀小桀也。"

第三卷 孟子

【注释】

①白圭：名丹，周人。
②貉：同"貊"，北方部族名。
③饔飧：用食物招待客人。

【译文】

白圭说："我想收取二十分之一租税，怎么样？"

孟子说："你的办法，是北方貉国的方。一个有万家人口的都城，却只有一个制陶工人，行吗？"

白圭："不行。陶器不够用。"

孟子说："貉国，不出产五谷，只生长黍。没有城市、宫室，也没有宗庙祭祀的礼仪，没有诸侯间的交结招待，没有各级官吏，所以百分之五的税率也就够了。现在生活在中原地区，抛弃人伦，不要管理社会的人，怎么能行呢？制陶工人太少，都不能治理好国家，更何况没有管理者呢？想把税率定得比尧、舜的十分之一还轻的，只不过是大貉、小貉罢了。欲把税率定得超过尧、舜的，只不过是大桀、小桀罢了。"

【鉴读】

白圭知道孟子主张薄赋税，所以故意来问他，定税率为二十抽一怎么样。殊不知，孟子从实际情况出发，奉行的是无过无不及的中庸之道，所以，在这里展开了一次中庸的现实运用。既回答了白圭的问题，又表明了自己无过无不及的主张。

财政税收是维持一个国家运转必不可少的手段。如果横征暴敛，苛捐杂税太多、太重，老百姓就会受不了，怨声载道；如果偷税漏税太多，税率太低，国家财政紧张，入不敷出，又会影响国家机构的正常运转。孟子是深深知道这一点的，因此提出了自己无过无不及的主张，只有恰到好处，才是儒者的追求。

第十一章

【原文】

白圭曰："丹之治水^①也，愈于禹。"

孟子曰："子过矣。禹之治水，水之道也，是故禹以四海为壑^②。今吾子以邻国为壑。水逆行谓之洚^③水，洚水者，洪水也，仁人之所恶也。吾子过矣。"

【注释】

①丹之治水：白圭治水的方法，据《韩非子·喻老篇》记载，主要在于筑堤塞穴，所以孟子要指责他"以邻国为壑"。

②壑：本义为沟壑，这里扩大指受水处。

③洚：大水泛滥。

【译文】

白圭说："我治理水患的水平，能超过大禹。"

孟子说："你错了。大禹治水，是按照水的本性，因此大禹把海当成水的归宿。现在您却把邻国当成蓄水的沟壑。水逆行，叫做洚水。洚水也就是洪灾，这不是有仁德的人做的，所以你错了。"

【鉴读】

从方法上说，大禹治水顺应水性，重在疏导；白圭治水却高筑堤防，重在堵塞。从效果上说，大禹最终将水导入四海，而白圭却把水堵塞后流向邻国。导入四海造福人民而于人无害，流向邻国则是损人利己，仁者厌恶的行为。所以孟子一再说："你错了。"并不承认白圭治水有什么了不起，更不用说超过大禹了。

从白圭治水"以邻国为壑"联想到我们生活中"以邻为壑"的现象，那可真是比比皆是、举不胜举。比如说，一个普遍现象是，自己家里装修得非常豪华舒适，干净得一尘不染，但却把垃圾桶垃圾袋放在与邻居共用的楼道里；自己家里的花岗石地面或木地板或纯羊毛地毯要保持清洁，却把一家人乃至客人的臭鞋子都堆在门外楼道上展览，让上上下下的邻居都在鞋阵中捂鼻而行。这只是最为常见最为普遍的生活小事，至于那商家之间的竞争，同事之间的钩心斗角，政治斗争中的你死我活，"以邻为壑"的手段更是无所不用其极。总而言之就是一种损人利己，嫁祸于人的行为。

这样做的最终结果是害人害己。所以还是大家和睦相处，互相帮助为好。

第十二章

【原文】

孟子曰："君子不亮[1]，恶乎执？"

【注释】

①亮：同"谅"，诚信。

【译文】

孟子说："君子不讲信用，怎么能够有操守呢？"

【鉴读】

在孔子、孟子看来，一方面，"信"是君子立身处世的基本原则之一；但是另一方面，又不能拘泥于小节小信。所以，应该以"义"来进行调节变通，这就是孟子所说的"惟义所在"。一句话，要大信，不要小信；要在原则问题上讲信用，不要拘泥固守在小节上的一成不变。

实际上，关于"信"的问题，孔子、孟子都有表面上看来自相矛盾的说法：孔子一方面说："人而无信，不知其可也。"（《论语·为政》）另一方面却又说："言必信，行必果！"（《论语·子路》）。孟子一方面说："君子不亮，恶乎执？"另一方面却又说："大人者，言不必信，行不必果，惟义所在。"（《离娄下》）这种自相矛盾，正如我们已多次说过的那样，其实正是原则与变通二者的对立统一。在孔子、孟子看来，一方面，"信"是君子立身处世的基本原则之一；但另一方面，又不能拘泥于小节小信。所以，应该以"义"来进行调节变通，这就是孟子所说的"惟义所在。"

第十三章

【原文】

鲁欲使乐正子为政。孟子曰："吾闻之，喜而不寐。"

公孙丑曰："乐正子强乎？"

曰："否。"

"有知虑乎？"

曰："否。"

"多闻识乎？"

曰："否。"

"然则奚为喜而不寐？"

曰："其为人也好善。"

"好善足乎？"

曰："好善优于天下，而况鲁国乎？夫苟好善，则四海之内，皆将轻千里而来告之以善；夫苟不好善，则人将曰：'訑訑^①，予既已知之矣。'訑訑之声音颜色距人于千里之外。士止于千里之外，则谗谄面谀之人至矣。与谗谄面谀之人居，国欲治，可得乎？"

【注释】

①訑訑：拒绝接受别人善言的声音。

【译文】

鲁国想让乐正子执政。孟子说："我听说这件事，高兴得都没睡着觉。"

公孙丑问："乐正子能力很强吗？"

孟子说："不。"

公孙丑问："乐正子能够深谋远虑吗？"

孟子说："不。"

公孙丑问："他知识渊博吗？"

孟子说："也不。"

公孙丑问："那你为什么还高兴得睡不着呢？"

孟子说："他喜欢采纳别人的善言。"

公孙丑问："喜欢采纳善言就能治理国家？"

孟子说："喜欢采纳善言，治理天下就会很从容，更何况是治理鲁国呢？一个人如果喜欢采纳善言，四海之内人们都会不远千里来告诉他好办法。一个人如果不采纳别人好的意见，他就会说：'唉唉，我已经知道了。'唉唉的声音和样子，能把人拒之千里之外。士人被挡在千里之外，拍马逢迎的人就到了跟前。跟拍马逢迎的人在一起，想治理好国家，那可能吗？"

【鉴读】

在孟子看来，治理好一个国家并不单靠执政者个人的能力、智慧和学识，而应当广泛听取和采纳别人的意见，集思广益。这样，就会吸引天下的有识之士，治理国家，乃至于治理天下就会游刃有余了。相反，如果自以为是，听不进别人的意见，那真正的有识之士就会被拒之于千里之外，而奸邪的谄媚之徒就会乘虚而入。

这里所说的"好善"主要指喜欢听取善言。而问题则在于对这"善言"的理解上。什么叫善言，善言不是一般意义上的"好话"，而是指对于治理国家有益的忠言。所谓"良药苦口利于病，忠言逆耳利于行。"真好善的人雍容大度，宰相肚里能撑船，对于不那么中听的话也照样能够听取，采纳其合理的对于治国平天下有益的良方。假好善的人心里就不那么痛快，甚至会恼羞成怒，即便不当面发作，也会私下里找个借口报复进言之人。

第十四章

【原文】

陈子曰："古之君子何如则仕？"

孟子曰："所就三，所去三。迎之致敬以有礼；言，将行其言也，则就之；礼貌未衰，言弗行也，则去之。其次，虽未行其言也，迎之致敬以有礼，则就之；礼貌衰，则去之。其下，朝不食，夕不食，饥饿不能出门户，君闻之，曰：'吾大者不能行其道，又不能从其言也，使饥饿于我土地，吾耻之。'周之，亦可受也，免死而已矣①。"

【注释】

①周之，亦可受也，免死而已矣：意思是饥饿不能去，为免死而就，那么到接收周济免去饥饿时，还是要离去的，这中间也包括了一就一去。

【译文】

陈子问："古代的君子在什么情况下才去做官呢？"

孟子说："有三种情况可以去做，有三种情况也可以不做。君王恭敬地迎接自己，行为都符合礼节，并且说要实行自己的主张，就可以去做官了；恭敬依然恭敬，但并未实行自己的主张，就可以辞职。其次虽没说要实行自己的主张，但是迎接自己时很恭敬，行为又都符合礼节，也可以去做官；这样的情况，礼数一亏便可辞职。最坏的情况是，早晚两顿饭都没有，饿得出不了门。君主知道了，说：'我大的方面不能推行他的主张，又不能听从他的话，却让他在我的国土上挨饿，我觉得是耻辱。'周济他，也是可以接受的，不过是为了免于饿死罢了。"

【鉴读】

陈子问孟子古代的君子如何才会出仕做官，针对这一问题，孟子总结出古代君子出仕和辞官的三种情况。其实是从三个层面说的。最上等的是君主礼遇，又言听计从；其次是仅给礼遇，但不纳君子的善言；最下等的不仅不纳善言，甚至连起码的礼遇都没有，去做官，不过是混碗饭吃，免于饿死而已。上等的，是以君子为师。这是中国古代知识分子最理想的出仕模式。

第十五章

【原文】

孟子曰："舜发于畎亩之中，傅说①举于版筑②之间，胶鬲③举于鱼盐之中，管夷吾举于士，孙叔敖④举于海，百里奚举于市。故天将降大任于斯人也，必先苦其心志，劳其筋骨，饿其体肤，空乏其身，行拂乱其所为，所以动心忍性，曾⑤益其所不能。

"人恒过，然后能改；困于心，衡于虑，而后作；征于色，发于声，而后喻。入则无法家拂士，出则无敌国外患者，国恒亡。然后知生于忧患而死于安乐也。"

【注释】

①傅说："殷高宗大臣，名说，在傅岩筑城，故称为傅说。
②版筑：古代修筑城墙的方法。
③胶鬲：周文王大臣。
④孙叔敖：楚庄王令尹，原先隐居在海边。
⑤曾：同"增"。

【译文】

孟子说："舜是从田间被举荐出来，傅说在筑城的奴隶中被提拔出来，胶鬲是从贩卖鱼盐的商人中被提拔上来，管仲是从监狱中被提拔上来，孙叔敖是从海边隐居的地方被楚庄王提拔上来，百里奚是在市场上被提拔上来。所以说，上天要让某个人担以重任，一定会让某人的心志忍受痛苦，劳累他的筋骨，饿他的身体，让他穷困让他事事不能如愿，这是考验他的心性和毅力，提高他的水平。常人都会犯错误，多犯几次错误才能彻底改过。一个人只有内心被困扰，整天想着某件事，才能奋发。表现在脸上，发出声音，然后才能让人明白。在国中没有遵守法度的大臣和贤良的辅佐，外边又没有敌人，这样的国家总要灭亡的。从这里可知人的生存在于忧患，而死亡则因太安逸了。"

【鉴读】

孟子所举的例证是舜帝、傅说、胶鬲、管仲、孙叔敖、百里奚六人。其实，为人所熟知的，还有姜子牙的故事。所谓"天将降大任于斯人也，必先苦其心志……"成为《孟子》最著名的篇章之一，后人常引以为座右铭，激励无数志士仁人在逆境中奋起。其思想基础是一种至高无上的英雄观念和浓厚的生命悲剧意识，一种崇高的献身精神，是对生命痛苦的认同以及对艰苦奋斗而获胜的精神的弘扬。

说到生于忧患死于安乐，太史公说得好：周文王被拘羑里而演《周易》，孔子困陈蔡而编《春秋》，屈原遭流放而赋《离骚》，左丘明失明而写《国语》，孙膑脚残而著《兵法》，吕不韦迁蜀地而出《吕览》，韩非子被秦国囚有《说难》、《孤愤》，《诗经》三百篇，大多都是发愤所作。(《史记·太史公自序》)之所以如此，正是因为他们身处逆境的忧患之中，心气郁结，奋发而起，置之死地而后生的缘故。

所以，对人的一生来说，逆境和忧患不一定是坏事。生命说到底是一种体验。因此，对逆境和忧患的体验倒往往是人生的一笔宝贵财富。当你回首往事的时候，可以自豪而欣慰地说："一切都经历过了，一切都过来了！"这样的人生，是不是比那些一帆风顺，没有经过什么磨难，没有什么特别体验的人生要丰富得多，因而也有价值得多呢？

第十六章

【原文】

孟子曰："教亦多术矣，予不屑之教诲也者，是亦教诲之而已矣。"

【译文】

孟子说："教育也有多种方式方法。我不屑于教诲他，本身就是对他的教诲。"

【鉴读】

教育有多种方式方法，这是不言而喻的。孟子这里着重谈到的，则是一种独特的方法。不屑之教，是亦教之。不屑之教的奥妙在于，我之所以不屑于教诲他，是让他羞愧而奋发向上。因此，不屑于教诲只是不从正面讲道理而已，是从反面激励他的自尊心。

第十三篇　尽心上

第一章

【原文】

孟子曰："尽其心者，知其性也。知其性，则知天矣。存其心，养其性，所以事天也。夭寿不贰[①]，修身以俟之，所以立命也。"

【注释】

①夭寿不贰：夭，夭折，短命。寿，长寿。贰，不专一。

【译文】

孟子说："充分扩大自己的善良，就是懂得了人的本性。懂得了人的本性，也就懂得天命了。保持住人的本心，培养人的本性，这就是对待天命的办法。短命也好，长寿也好，都不三心二意，只是培养身心以等到天命，这也就是人安身立命的方法。"

【鉴读】

孟子谈天命，谈人的本性，没有消极被动的神秘色彩。用我们今天的话来说，就是加强知识学习和思想修养，充实自己的心灵。

孟子的天命观充满了积极主动的个体精神。对待天命，不过是保持心灵的思考，涵养人之所以为人的本性罢了；所谓安身立命，也不过是一心一意地进行自身修养而已。所以，不要做悠悠天地中的匆匆过客，东奔西走，北觅南寻，"芒鞋踏破岭头云"。其结果，往往是占有外物越多，内心越空虚，最终成为一个徒具外形，为外物所役的臭皮囊。

第二章

【原文】

孟子曰："莫非命也，顺受其正，是故知命者，不立乎岩墙之下。

尽其道而死者，正命也；桎梏^①死者，非正命也。"

【注释】

①桎梏：古代用来拘系罪人手脚的刑具，"在手曰桎，在脚曰梏"。此处指犯罪。

【译文】

孟子说："天下的事没有一件不是命运决定的，只要顺理而行，所接受的便是正命；所以，懂得命运的人就不会站在危墙之下。尽力行道而死的人，所接受的是正命；犯罪而死的人，所接受的则不是正命。"

【鉴读】

一切都是命运。用我们今天通行的看法，这似乎是一种消极的宿命论思想。但实际上，孟子的立足点是在"顺受其正"上，顺理而行，顺应命运，也就承受正常的命运，在孟子这里，命运的确没有什么神秘，不过是顺其自然，顺其正理罢了。

第三章

【原文】

孟子曰："求则得之，舍则失之，是求有益于得也，求在我者也。求之有道，得之有命，是求无益于得也，求在外者也。"

【译文】

孟子说："求索就能得到，放弃便会失去，这种求索有益于得到，因为所求的东西就在我自身。求索有一定的方法，能否得到却决定于天命，这种求索无益于得到，因为所求的东西是身外之物。"

【鉴读】

孟子在这里讲的，是道德方面的东西。即追求丧失了的本心。在我自身的，是知识的积累，思想的修养，人生境界的追求，一句话，是精神的自我完善。身外之物则是金钱富贵，名誉地位。前者全在于自我，只要坚持追求，便可以一分耕耘，一分收获，种瓜得瓜，种豆得豆。所以叫"求则得之，舍则失之。"后者则是谋事在人，成事在天。并不是你一厢情愿地追求就可以得到的，所以，万不能苟且强求，失去自我。

第四章

【原文】

孟子曰："万物皆备于我矣。反身而诚，乐莫大焉。强恕而行，求仁莫近焉。"

【译文】

孟子说："万物我都具备了。反躬自问诚实无欺，便是最大的快乐。尽力按'己所不欲，勿施于人'的恕道办事，便是最接近仁德的道路。"

【鉴读】

"万物皆备于我矣"作为一句名言，被认为是典型的主观唯心主义哲学观。这里面的是非不在我们关心的范围。我们关心的是孟子说这话的意思。孟子的意思，是说天地万物我都能够思考、认识，所以天地万物我都具备了。这样才会有下面的一句话，"反身而诚，乐莫大焉。"反躬自问，我所认识的一切都是诚实无欺的，所以非常快乐。这是一种认识的快乐，探求真理的快乐。但是，仅有认识，仅有自身的发现还不够，所以要"强恕而行"，尽力按恕道办事，这样来实行仁道。所谓恕道，我们在本书中已经多次提到，这就是孔子反复强调的"己所不欲，勿施于人。"

总起来说，是一种将心比心，推己及人的思想，用这种思想来处理人与人之间的关系。如果说，"反身而诚，乐莫大焉"是一种认识的快乐，局限于自身；那么，"强恕而行，求仁莫近焉"就是一种实践的快乐，涉及他人与社会了。

由此可见，"万物皆备于我矣"所引出的，是认识和实践两大领域的儒学追求：一是"诚"，二是"恕"，都是儒学的核心内容。单从"万物皆备于我矣"这句话给我们的感觉，则是一种充满主体意识，乐观向上的心态，的确有法国哲学家笛卡儿那著名的命题"我思故我在"的精神风貌，给人以认识世界、探索真理的勇气和信心。

第五章

【原文】

孟子曰："行之而不着①焉，习矣而不察②焉，终身由之而不知其道者，众③也。"

【注释】

①着：明白。
②察：知道。
③众：庶，一般人。

【译文】

孟子说："做了却不知晓其中的道理；习惯了却不知道其所以然；一生都在这条大道走，却还不了解这是什么道，这的确是个一般的人。"

【鉴读】

在黑格尔哲学中，这样的人是处于"自在"状态的人，尚没有达到"自为"的程度。所谓"自在"状态，就是缺乏"自觉"的主体意识，不能自己认识自己。所谓"自为"，就是具有独立的主体意识，凡事都要问个"为什么"，做一件事，知道自己为什么要做，在生活中不断反省，认识自己。如此一对照，孟子所说的"众也"当然也就是"自在"状态的人了。当然，这个"自在"的概念，不是我们平常所说"自由自在"的意思。在今天的生活中，这种人被视为做一天和尚撞一天钟，随波逐流混日子的人。

我们在生活过程中，必须具有一种反思的精神，学会思考，筹划自己的人生，不能盲目地混日子，更不能随着他人的意志来操纵自己的人生。

第六章

【原文】

孟子曰："人不可以无耻，无耻之^①耻，无耻矣。"

【注释】

①之：至。

【译文】

孟子说："人不可以不知羞耻。从不知羞耻到知道羞耻，就可以免于羞耻了。"

【鉴读】

孟子在这里集中表达的意思是，人要活的明明白白，得知道什么是羞耻。人有羞耻之心，知道哪些事情该干，哪些事情不该干，这就是智。人无羞耻，什么事都干，这个人不仅没有智，也不会有礼、有义、有仁，那么这样的人，也就与禽兽无异了。所以孟子讲，人不可以没有羞耻之心，懂得羞耻，有自尊心，是一个人进步的起点，就可以免于耻辱了。

第七章

【原文】

孟子曰："耻之于人大矣。为机变之巧者，无所用耻焉。不耻不若人，何若人有？"

【译文】

孟子说："羞耻对人而言，关系很大。那些搞阴谋诡计与奸诈机谋事情的人，是没有地方使用羞耻的。不以赶不上别人为羞耻，那还怎么能赶上别人呢？"

【鉴读】

儒家思想家认为羞耻心在人的道德素质培养中具有非常关键的作用，人只有"耻"才能不断自觉地进行道德修养，主动地改正错误，做一个道德高尚的人。后世的许多人都曾经对孟子的这一观点进行过发挥，强调羞耻感对道德修养的重要意义。

第八章

【原文】

孟子曰："古之贤王好善而忘势，古之贤士何独不然！乐其道而忘人之势，故王公不致敬尽礼，则不得亟见之。见且由不得亟，而况得而臣之乎？"

【译文】

孟子说："古代的贤能君主喜欢好言善行，因而忘记了自己的权势富贵；古代的贤能之士也是这样，乐于走他自己的道路，因而就忘记了别人的权势富贵，所以王公如果不对他恭敬尽礼，就不能与他多次相见。相见的次数尚且不多，更何况要他做臣下呢？"

【鉴读】

乐道忘势，是弘扬读书人的气节和骨气。还是曾子所说的那个道理："彼以其富，我以吾仁；彼以其爵，我以吾义。吾何慊乎哉？"（《孟子·公孙丑下》）他有他的富，我有我的仁；他有他的官位，我有我的正义。我有什么输于他的呢？这样一想，也就不把他的权势放在心上了。所以，真正的贤士能够笑傲王侯，我行我素。

蔑视权贵，不阿谀奉承是中国古代知识分子节操的重要体现。关于有才华的贤明之士，又何尝不是这样呢？乐于坚持自己的主张而根本不看重权势，所以王公贵族对他们做不到恭敬尽礼，就不会急切地和他们相见。

第九章

孟子谓宋勾践①曰："子好游②乎？吾语子游。人知之，亦嚣嚣③；人不知，亦嚣嚣。"

曰："何如斯可以嚣嚣矣？"

曰："尊德乐义，则可以嚣嚣矣。故士穷④不失义，达不离道。穷不失义，故士得己⑤焉；达不离道，故民不失望焉。古之人，得志，泽加于民；不得志，修身见于世。穷则独善其身，达则兼善天下。"

【注释】

①宋勾践：人名，已不可考。

②游：朱熹注云："游，游说也。"

③嚣嚣：赵岐注云："自得无欲之貌。"

④穷：不得志，不显贵。

⑤得己：自得。

【译文】

孟子对宋勾践说："你喜欢游说吗？我给你讲讲游说之事。别人知晓我，我自得其乐；别人不知晓我，我也能自得其乐。"

宋勾践问："怎样才能自得其乐呢？"

孟子答道："尊尚德，乐于义，就可以自得其乐了。所以，士人在不得志时，不失去义；得志时，不离开道。不得志时不失义，所以自得其乐；得志时不离开道，所以百姓不至于失望。古代的人，得志时就恩加于百姓；不得志就修养自己的品德，以此表现在世人面前。不得志就只修善自身，得志就足以恩惠施天下。"

【鉴读】

穷与达都是身外事，只有道义是根本。所以能穷不失义，达不离道。至于"穷则独善其身，达则兼善天下"，则与孔子所说"用之则行，舍之则藏"一样，进可以攻，退可以守，成为两千多年来中国知识分子立身处世的座右铭，成为最强有力的心理武器，既对他人，也对这个世界，更对自身。当你穷困不得志时，它以"独善其身"的清高抚慰你那颗失落的心；当你飞黄腾达有时机时，它又以"兼善天下"的豪情为你心安理得地做官提供着坚实的心理基础。

因此，无论你穷与达，它都是一剂绝对见效的心理良药，是知识分子战无不胜的思想武器与法宝。

第十章

【原文】

孟子曰："待文王而后兴①者，凡民也。若夫豪杰之士，虽无文王犹兴。"

【注释】

①兴：朱熹注云："兴者，感动奋发之意。"

【译文】

孟子说："等待周文王出现才奋发的人，那是一般百姓。那些英雄豪杰，即便是没有周文王，也能奋发。"

【鉴读】

所谓时势造英雄，在一定的时代和环境影响下，在领袖人物的率领下，的确可以涌现出一大批奋发有为的人物来。按照孟子的观点，要等到一定的时势、一定的领袖人物出现后才奋发的，还算不上是豪杰之士。真正的豪杰之士，是可以造时势的人，是没有领袖人物出现自己也知道奋发有为的人。主要是精神方面的奋发有为，乐观向上。不要以"不能"为借口，这也不为，那也不为。

第十一章

【原文】

孟子曰："附之以韩魏之家①，如其自视欿然②，则过人远矣。"

【注释】

①韩魏之家：指春秋时晋国的韩氏、魏氏两家大臣。

②欿然：欿，段玉裁《说文》注云："《孟子》假欿为坎，谓视盈若虚也。"

【译文】

孟子说："把春秋时韩魏两家大臣的财富加于其身，如果他仍视盈若虚，这样的人就是远远超出一般人的人。"

【鉴读】

对于君子贤臣来说，钱财名利都是身外之物，都是微不足道的东西，他们有着更高层次的追求。

在现代社会，这样的人更少了，专注于自己的追求和梦想，不与外人攀比，不为金钱权力所诱惑，自足自乐，这样的人似乎很难在物质化功利化的社会中生存，但是这样的人在孟子看来，是有着宝贵品质的。无论社会发展到什么程度，对于任何一个人来说，最基本的是慎独其身，即便不能为天下兴利，也不应该为了自己的私利或者膨胀的欲望损害他人的利益。

第十二章

【原文】

孟子曰："以佚道使民，虽劳不怨。以生道杀民，虽死不怨杀者。"

【译文】

孟子说："如果役使老百姓是为了使他们生活安逸，那么老百姓即使劳苦也不会产生怨恨。如果杀人是为了使老百姓得以生存，那么人即使被杀也不会有怨恨杀他的人的心理。"

【鉴读】

孟子认为，真正的君子应该以百姓安逸为目的。如不得已而要打仗，则应以百姓活下去为目的。劳役也罢，战争也好，都应该是像尧舜禹汤文武那样，不得已而为之，都是为了老百姓，所以百姓不怨恨他们。

第十三章

【原文】

孟子曰："霸者之民驩虞①如也，王者之民皞皞②如也。杀之而不怨，利之而不庸③，民日迁善而不知为之者。夫君子所过者化，所存者神④，上下与天地同流，岂曰小补之哉？"

【注释】

①驩虞：欢娱。
②皞皞：朱熹注云："广大自得之貌。"
③庸：功也。
④神：如神之意。

【译文】

孟子说："霸主（的功业显著，恩惠易见），所以他的老百姓欢喜快乐；圣王（的功德浩荡），所以他的老百姓心情舒畅。百姓被杀也不怨恨；得到好处也不知是谁的功绩；百姓每天都向好的方面发展，也不知是谁让他们如此。圣人经过的地方，百姓得到教化；圣人所在的国度，教化如神。圣王之政浩浩荡荡，上与天，下与地同时运转，怎么能说只是小小的补益呢?"

【鉴读】

本章盛赞"君子"的功业。他们经过之处,人们就会感化;他们停留居住之处,其作用更加神奇;他们能与天地同时运转。之所以会这样,是为政者用仁德之实感化百姓的结果。

第十四章

【原文】

孟子曰:"仁言不如仁声之入人深也。善政不如善教之得民也。善政,民畏之;善教,民爱之。善政得民财,善教得民心。"

【译文】

孟子说:"仁德的言语不如仁德的声望那样深入人心,好的政令不如好的教育那样赢得民众。好的政令,百姓畏服;好的教育,百姓喜爱。好的政令得到百姓的财富,好的教育得到百姓的心。"

【鉴读】

孟子在这里讲了四个概念:仁言与仁声,善政与善教。他认为,仁德之言可教化百姓,但若为政者自己有仁德之实,而不仅仅用言语教育别人,老百姓才会真心向往仁德。良好的政治会使老百姓害怕而按时缴税,故国家可以得民财,但若用良好的教育感化百姓,就会得到老百姓的衷心拥护。那么,什么样的教育才是最好的教育呢,是仁德,即为政者由仁德之实而获得的仁德声音。

法家重政令法治,儒家重教育德治。政令法治治人,教育德治治心。治人人畏,治心心服。以儒者的眼光来看,心服才是真服。因此,法治是不得已而为之,德治才是根本所在。"百年大计,教育为本。"这是德治。"严厉打击刑事犯罪活动。"这是法治。德治法治双管齐下,天下才能大治。这是我们今天的看法。是不是有点亦儒亦法的味道了呢?

第十五章

【原文】

孟子曰："人之所不学而能者，其良能也；所不虑而知者，其良知也。孩提①之童无不知爱其亲者，及其长也，无不知敬其兄也。亲亲，仁也；敬长，义也，无他，达之天下也。"

【注释】

①孩提：赵歧注云："孩提，二三岁之间在襁褓知孩笑可提抱者也。"孩，小儿笑。

【译文】

孟子说："人不通过学习就能做到的，这是良能；不通过思考就知道的，这是良知。二三岁的小孩没有不爱他父母的，等他长大后，没有不知道尊敬自己兄长的。亲爱自己的父母是仁，尊敬自己的兄长是义，没有其他原因，只因这两种品德通行于天下。"

第十六章

【原文】

孟子曰："舜之居深山之中，与木石居，与鹿豕游，其所以异于深山之野人者几希；及其闻一善言，见一善行，若决江河，沛①然莫之能御②也。"

【注释】

①沛：水流的样子。
②御：阻止。

【译文】

孟子说："舜住在深山的时候，住处只有树木和石头，外出只有鹿和野猪，他跟深山里的其他人没有什么不同；等到他听见一句好话，看见一种好的行为，（他便去身体力行），就像江河决口一般，一泻千里，没有什么能够阻止住他。"

【鉴读】

舜帝是原始社会末期的人，其生存状态虽无法与后世相比，但也不至于像野人一样生活。孟子的描述，只不过是为了说明"仁"是人的天赋，以及"仁"的威力。一个真正有德行的人，无论条件多么恶劣，都不会放弃道德上的追求，都能保持住自己的良好品德。一旦有机会，他的高尚品德马上就会显现出来。

第十七章

【原文】

孟子曰："无为其所不为，无欲其所不欲，如此而已矣。"

【译文】

孟子说："不要让别人做他不想去做的事，不要去索取别人不想给予的东西，就这样而已。"

【鉴读】

关于此章，有不同的理解。有人认为孟子这里发挥了孔子"己所不欲，勿施于人"的思想，强调人在道德生活中要推己及人；有人认为孟子这里是强调一个人要始终按照内心所本有的善性的指引行事，要坚守住做人的原则，这两种理解都符合孟子的思想。

不要做自己不该做的事情，不想望不该想望的东西。人生一世，如此而已。然而做起来却并不容易。心如止水、放眼高空的悠闲人生只是理想化了。

第十八章

【原文】

孟子曰：“人之有德慧术知^①者，恒^②存乎疢疾^③。独孤臣孽子，其操心也危^④，其虑患也深，故达^⑤。”

【注释】

①德慧术知：赵岐注云：“德行、智慧、道术、才智。”
②恒：经常。
③疢疾：疢，朱熹注云：“疢疾，犹灾患也。”
④危：不安。
⑤达：朱熹注云：“达，滑之选于事理。”

【译文】

孟子说：“人之所以有道德、聪明、道术、才智，因为人要经常面对灾患。只有被孤立的臣子、庶出的儿子，他们时常心中不安，考虑灾患之事也非常深刻，所以才能通达事理。

【鉴读】

这一章又一次强调了“生于忧患，死于安乐”的思想，认为一个人无论是知识、才能上的提高，还是道德上的进步，都要经过艰苦的磨炼。事实也证明，博学多才的人都是经过长期艰苦学习和积累的结果，他们在获得知识的过程中，都付出了艰辛，经受过磨练。人的学识往往来自忧患，也就是说苦难往往是一个人取得成就的重要因素。

最粗壮的树，并不是生长在丛林中，而是生长在空旷的地方．最成功的人，并不是生长在顺境中，而是生长在逆境里。清代人石成金《传家宝》说：“世路风霜，吾人炼心之境也；世情冷暖，吾人忍性之地也。”即是“生于忧患”的脚注。所以不要悲叹出身贫寒低微，不要抱怨遭人排挤。要感谢命运，感谢困难，甚至感谢你的敌人。

第十九章

【原文】

孟子曰："有事君人者，事是君则为容悦者也；有安社稷者，以安社稷为悦者也；有天民者，达可行于天下而后行之者也；有大人者，正己而物正者也。"

【译文】

孟子说："有事奉君主的一种人，他们事奉这些君主就专以容色取宠的人；有安邦定国的臣子，这种人是以安定国家为乐事的人；有高深涵养的天民，这种人是以大道能在天下行得通才去实行的人；有圣贤品德的大人，这种人是以先端正自己而后再自然地端正外物的人。"

【鉴读】

孟子在这一章强调了"术业有专攻"的道理。拿今天的话说就是每个行业有每个行业的特点，各行各业的人都需要具备一定的专业技能，同时也反映了孔子"修身、齐家、治国、平天下"的思想。

第二十章

【原文】

孟子曰："君子有三乐，而王天下不与存焉。父母俱存①，兄弟无故②，一乐也；仰不愧于天，俯不怍③于人，二乐也；得天下英才而教育之，三乐也。君子有三乐，而王天下不与存焉！"

【注释】

①存：存在，与"亡"相对。
②故：灾患丧病。
③怍：惭愧。

孟子说："君子有三种乐趣，但称王于天下不在其中。父母亲都健在，兄弟没有灾患，是第一种乐趣；上不愧于天，下不愧于人，是第二种乐趣；得到天下优秀人才而对他们进行教育，是第三种乐趣。所以君子有三种乐趣，但称王于天下并不在其中。"

【鉴读】

孟子提出的君子之乐，概括起来就是天伦之乐、自得之乐和成功之乐。天伦之乐，就是人人都享受的，所以不用讲太多。自得之乐，其实就是自我道德修养的一种境界，到达了这种境界的人，他的一举一动，所作所为，上不愧于天，下不愧于地，到达这一境界的人，层次更高，也就是后面所说的"孔颜乐处"。第三种境界是建立在前两者的基础之上的，那就是自己享受了天伦之乐、自得之乐，要将这种快乐推己及人。因此孟子说"得天下英才教育之"。

而这三种快乐中，一乐取决于天意，三乐取决于他人，只有第二种快乐才完全取决于自身。因此，我们努力争取的也在这第二种快乐，因为它是属于"求则得之，舍则失之，是求有益于得也，求在我者也"的范围，而不是"求之有道，得之有命，是求无益于得也，求在外者也"的东西。

第二十一章

【原文】

孟子曰："广土众民，君子欲之，所乐不存焉；中天下而立，定四海之民，君子乐之，所性不存焉。君子所性，虽大行①不加焉，虽穷居不损焉，分定故也。君子所性，仁义礼智根于心，其生色也睟然②。见于面，盎③于背，施④于四体，四体不言而喻。"

【注释】

①大行：行政于天下。

②睟然：赵岐注云："睟然，润泽之貌。"

③盎：显现。

④施：延及。

【译文】

孟子说："拥有广大的国土、众多的人民，这是君子所希望的，但他的乐趣不在这上面；居于天下的中央，使天下的老百姓得以安定生活，才是君子感到快乐的事情，然而他的本性不在这上面。君子的本性，即使他的理想通行于天下，不会因此而有所增加；即使他不得志而隐居，不会因此而有所减少，因为这是本性已经固定的原因。君子的本性，仁、义、礼、智扎根于心中，表现出的神色纯和温润，它表现于君子的颜面，表现于君子的肩背，延及于君子四肢的动作，因此不必言语，别人便一目了然。"

【鉴读】

孟子通过对君子本性的描述，表现了他安贫乐道、追求高尚品德的人生境界。治国平天下是人间的赏心乐事，也是儒学外治（与内修相应）的最高境界。但对于真正的君子来说，穷富都是身外事，只有仁义礼智扎根于心，清和润泽显于外才是本性所在。

孟子所描述的，是一个胸怀高远，雍容大度的儒雅君子！外在形象与内在灵魂统一，表里如一，通体洋溢着生命的光辉。

第二十二章

【原文】

孟子曰："伯夷辟纣，居北海之滨，闻文王作，兴曰：'盍归乎来！吾闻西伯善养老者。'太公辟纣，居东海之滨，闻文王作，兴曰：'盍归乎来！吾闻西伯善养老者。'天下有善养老，则仁人以为己归矣。五亩之宅，树墙下以桑，匹妇蚕之，则老者足以衣帛矣。五母鸡、二母彘无失其时，老者足以无失肉矣。百亩之田，匹夫耕之，八口之家足以无饥矣。所谓西伯善养老者，制其田里，教之树畜，导其妻子使养其老。

五十非帛不暖，七十非肉不饱，不暖不饱谓之冻馁。文王之民无冻馁之老者。此之谓也。"

【译文】

孟子说："伯夷躲避纣，隐居在北海边，听说文王兴起，就说：'何不去归附西伯呢，我听说他是善于善待老人的。'姜太公躲避纣，隐居在东海边，听说文王兴起，就说：'何不去归附他呢，我听说西伯是善于善待老人的。'天下如果有人善于善待老人，那有仁德的人就会把他那里当成自己的归宿。五亩的宅院，在墙下种上桑树，农妇养蚕抽丝，那么老人就可以穿绸缎衣服了。五只母鸡，两头母猪，不要错过饲养它们的时令，那老人也就不会没肉吃了。百亩的农田，农夫耕种它，八口之家就不会饥饿了。之所以说西伯善于善待老人，是因为他先把老百姓的田产分配好，再教导他们种树、养殖，引导妻子、孩子赡养各自的老人。五十岁没有丝物便穿不暖，七十岁没有肉便吃不饱。不暖也不饱，这叫饥寒交迫。文王的老百姓没有饥寒交迫的，说的就是这个意思。"

【鉴读】

本章盛赞周文王仁义，善于养老。原始社会有弃杀老人的野蛮习俗，至文明社会方被革除。先秦诸子特别强调养老，特别强调孝顺，大概有点矫枉过正的意思。孟子又一次强调了"养老"的主张。在他看来，养老是仁政的重要内容，要求统治者要通过实实在在的政治措施，使老人们都得到善待，老有所安。

同时，孟子也强调了解决温饱的重要性。对我们现在的生活来说，解决温饱首先要解决住房问题、穿衣问题，这是基本要求，这两者的解决从根本上来说，就是解决生产问题。虽然时代已经更替，但是古今治国者所关心的问题以及治国的思路还是有很大的相同之处的。

第二十三章

【原文】

孟子曰："易^①其田畴，薄其税敛，民可使富也。食之以时，用之以礼，财不可胜用也。民非水火不生活，昏暮叩人之门户求水火，无弗与者，至足矣。圣人治天下，使有菽粟如水火。菽粟如水火，而民焉有不仁者乎？"

【注释】

①易：赵岐注云："易，治也。"

【译文】

孟子说："耕种好田地，减轻税收，就可以让百姓富足。按时食用，依礼消费，财物是不会用尽的。百姓没有水和火，就不能生活，黄昏傍晚敲别人的门去要水和火，没有不给的，为什么呢？因为水、火极多的缘故。圣人治理天下，使粮食如同水、火一样多。如果粮食如同水、火一样多了，哪里还会有百姓不去仁爱的呢？"

【鉴读】

此章承上章之意做进一步的说明，从物质层面进而向意识层面转化。这是孟子治理国家思想的高度概括。这一段与孔子"先富后教"，以及孟子自己在《滕文公上》里论述"有恒产者有恒心"的思想是相通的。

从实践上看，在不同的时代，不用的社会时期内，对政治与经济的侧重是有些不同的。但总的说来，政治与经济作为对立统一而又相辅相成的两极，对它们的不同侧重贯穿了中国社会历史发展的各个阶段。直到今天，我们不也还在探讨这个问题吗？从"政治是统帅，是灵魂，政治工作是一切经济工作的生命线"到"以经济建设为中心"，使我们感到，政治与经济的关系，是非常复杂的，不能抛开具体的历史条件和社会环境做抽象的定论，但是处理好两者的关系，使二者相助相生，是确保一个国家能够均衡稳定发展的前提。

第二十四章

【原文】

孟子曰："孔子登东山①而小鲁，登泰山而小天下。故观于海者难为水，游于圣人之门者难为言。观水有术，必观其澜。日月有明，容光②必照焉。流水之为物也，不盈科不行；君子之志于道也，不成章③不达。”

【注释】

①东山：即蒙山，在今山东蒙阴县南。
②容光：指能够容纳光线的小缝隙。
③成章：《说文解字》解释："乐竟为一章。"由此引申，指事物达到一定阶段或有一定规模。

【译文】

孟子说："孔子登上东山，就觉得鲁国变小了；登上泰山，就觉得整个天下都变小了。所以，观看过大海的人，便难以被其他水所吸引了；在圣人门下学习过的人，便难以被其他言论所吸引了。观看水有一定的方法，一定要观看它壮阔的波澜。太阳月亮有光辉，不放过每条小缝隙；流水有规律，不把坑坑洼洼填满不向前流；君子立志于道，不到一定的程度不能通达。"

【鉴读】

孟子在这一章阐述了君子为道的问题。为了说明这个问题，孟子先后举了好几个事例。第一个是孔子登东山而小鲁，登泰山而小天下。说明君子求学需要有广阔的胸襟。第二，通过水与光的隐喻，说明学习要讲究方法，按照合理方法学习。第三，学习是有阶段性的，就像水一样，必须循序渐进，水到则渠成。

总起来说，这是一段激励人立志向学和提高思想境界的绝妙好文，深富哲理，值得我们把它当做座右铭来读。

第二十五章

【原文】

孟子曰："鸡鸣而起，孳孳①为善者，舜之徒也；鸡鸣而起，孳孳为利者，蹠②之徒也。欲知舜与蹠之分，无他，利与善之间也。"

【注释】

①孳孳：勤勉，努力不懈的样子。

②跖：相传为春秋时期的大盗。

【译文】

孟子说："鸡叫便起，努力行善，就是像舜一类的人；鸡叫便起，努力求利，就是像盗跖一类的人。如果想知道舜与盗跖的差别，没有别的，只要看看是行善还是求利便知晓了。"

【鉴读】

这一章深刻体现了孟子重义轻利的义利观。孟子把一心追求利益的人看做是与盗贼同类，而把一心追求义的人看做是与圣人同类。

鸡鸣而起，为谁辛苦为谁忙？这些都是现代人常常听到，而自己也常常发出的感叹，几近于口头禅了。匆匆忙忙的现代人时时处处似乎都在疲于奔命。虽然"鸡鸣而起"往往已被"睡懒觉"取而代之，但"三更不寐"不也同样是"孳孳"而为的吗？还是那句话："忙什么？为什么忙？"同样都是辛苦忙碌者，动机不同，出发点不同，其结果就不一样。

为谁辛苦为谁忙？这倒的确是我们应该扪心自问的。虽然我们不同意"孳孳为利者，跖之徒也"的看法，但如果太看重利，在利害关系中不能自拔，"人为财死，鸟为食亡"，那又是不是有些迷失本性了呢？更何况，如果一味逐利，不择手段，不惜铤而走险，那倒很可能真正成为"跖之徒"。

第二十六章

【原文】

孟子曰："杨子①取②为我，拔一毛而利天下，不为也。墨子兼爱，摩顶放踵③利天下，为之。子莫④执中。执中为近之。执中无权，犹执一也。所恶执一者，为其贼道也，举一而废百也。"

【注释】

①杨子：人名，即杨朱。

②取：主张。

③摩顶放踵：赵岐注云："摩秃其顶，下至于踵。"

④子莫：赵岐注云："鲁之贤人也。"

【译文】

孟子说："杨子主张为我，拔一根毫毛而利于天下，这样的事都不肯干。墨子主张兼爱，摩秃头顶，走破脚跟，只要有利于天下，一切都肯干。子莫主张中道。主张中道也差不多。但如果主张中道却不灵活，不懂得变通，那便是执著在一点上。之所以要厌恶执著于一点，是因为它有损仁义之道，是只取一点而放弃其余的。"

【鉴读】

这是孟子对杨朱和墨翟学派非常著名的一段评论，至今仍然是对杨墨的权威性论断。

"子莫执中"，照理说符合儒学的中庸之道，应该受到赞扬。事实上，孟子也的确说了"执中为近之"，应该是很不错的。但"执中无权，独执一也。"这就出了问题。这里的"权"是指"权变"，通权达变。也就是说，如果只知道死板地坚持"执中"，没有变通，那就不是执中，而是"执一"了。

总的来说，孟子认为行事的正确原则就是应当在坚持仁义之道的基础上遵循中道、灵活变通。孟子主张把原则性和灵活性结合起来处理问题。这对于今天的为人处世也是有相当借鉴意义的。

第二十七章

【原文】

孟子曰："饥者甘食，渴者甘饮，是未得饮食之正也，饥渴害之也。岂惟口腹有饥渴之害？人心亦皆有害。人能无以饥渴之害为心害，则不及人不为忧矣。"

【译文】

孟子说:"饥饿的人觉得任何食物都是美味的,干渴的人觉得任何饮料都是可口的。他们不能够吃喝出饮料和食物的正常滋味,是由于饥饿和干渴的妨害。难道只有嘴巴和肚子有饥饿和干渴的妨害吗?心灵也同样有妨害。一个人能够不让饥饿和干渴那样的妨害去妨害心灵,那就不会以自己不及别人为忧虑了。"

【鉴读】

孟子在这里强调了精神上的需要高于物质上的需要,告诫人们不要因为物质条件不好就放弃了道义、精神上的追求,激励人们要矢志不渝地加强道德修养,保持高尚的节操。

孟子通过形象的比喻告诉人们心灵的修养和身体的营养一样,是一个长期的,循序渐进的过程,既不能揠苗助长,也不能使之饥饿干渴而缺乏养分。

如果一个人能够使心灵不受到类似饥渴那样的妨害,就不会失去选择力和辨别力,对于各种思想意识和观念就会有所认识,有所鉴别,从而选择适合自己的部分加以吸收、消化,使之成为充实自己的精神营养。能够做到这样,即使发现自己有不及他人的地方,那也是很容易迎头赶上的。要使自己的心灵不受到类似饥渴那样的妨害,别无良方,只有使心灵经常吸收养分,多读书,提高自己的文化修养和道德节操。

第二十八章

【原文】

孟子曰:"柳下惠不以三公易其介^①。"

【注释】

①介:节操。

【译文】

孟子说:"柳下惠不因让他做三公而改变自己的节操。"

【鉴读】

孟子在这里集中讲述了两种节操:不为名利所动和积极进取。高尚的节操总是受人尊重的,不为功名利禄所动的人确实是最了不起的,而且是古今都可提倡的可贵精神。

第二十九章

【原文】

孟子曰:"有为者辟若①掘井,掘井九轫②而不及泉,犹为弃井也。"

【注释】

①辟若:辟,通"譬"。辟若,比如。
②轫:同"仞",七尺一仞。赵岐注云:"轫,八尺也。"

【译文】

孟子说:"做事情好比打井,如果打进六七丈还不见泉水,那只能是一口废井。"

【鉴读】

"为山九仞,功亏一篑。"为井九仞,同样也可能功亏于最后一仞。而一旦功亏,不管是一仞还是半仞,都是半途而废,留下的只是废井一口。

无论是学习工作,还是生活,成功与否,关键在于有没有孜孜不倦、持之以恒的精神。因为任何事情都有一个潜移默化的过程,所以,一个人要想成功,必须具有锲而不舍的精神,以顽强的意志,通过坚持不懈的跋涉,终究会登上胜利的顶峰。每个人都应该抱定"只管耕耘,不问收获"的信念,为了既定的目标下一番苦工夫。道德修养应当如此，做其他任何事情也应当如此。

第三十章

【原文】

孟子曰："尧舜，性之也；汤武，身之也；五霸，假之也。久假而不归①，恶②知其非有也。"

【注释】

①归：归还。
②恶：疑问代词，哪里，怎么。

【译文】

孟子说："尧舜实行仁义，是出于本性的；商汤、周武王实行仁义，则是亲身体验，努力推行；春秋五霸实行仁义，则只是假借仁义以谋利。但是，如果久借而不还，又怎么能知道仁义是不是变成他自己的呢？"

【鉴读】

孟子认为，一个统治者如果要施行仁政，就必须发自内心、真心实意地推行，而不能仅仅窃取了仁义作为口号以谋求私利。

第三十一章

【原文】

公孙丑曰："伊尹曰：'予不狎于不顺。'放太甲于桐，民大悦。太甲贤，又反之，民大悦。贤者之为人臣也，其君不贤，则固可放与？"
孟子曰："有伊尹之志，则可；无伊尹之志，则篡也。"

【译文】

公孙丑说："伊尹说：'我不会亲近不遵法度的人。'所以他把太甲流放到了桐，老百姓很拥护。后来太甲贤明，又让他返回，老百姓也拥护。贤明的人作为臣子，如果君王不贤明，就理所当然可以流放他吗？"

孟子说："得有伊尹的志向，一心向国，一心为公尚可，否则就是篡权。"

【鉴读】

孟子看来，评价这一事件，不能仅仅停留在事件的表面，还要发掘内涵。对于历史人物的评价，不能仅仅看他的行为，还要判断他的意志取向。就像伊尹那样，从他的内心来说，他的意图是为了让君主更好地行仁政，那么放逐就是对的。如果没有那样的意图，那么这样的行为肯定是篡夺权位了。这一节告诉我们，任何事情不能只看表面，还要去研究表面下面隐藏的意图。

第三十二章

【原文】

公孙丑曰："《诗》曰：'不素餐兮！'①君子之不耕而食，何也？"

孟子曰："君子居是国也，其君用之，则安富尊荣；其子弟从之，则孝悌忠信。'不素餐兮'，孰大于是？"

【注释】

①不素餐兮：引自《诗经·魏风·伐檀》。素餐，白吃饭。

【译文】

公孙丑说："《诗经》说：'不白吃饭啊！'可君子不种庄稼也吃饭，为什么呢？"

孟子说："君子居住在一个国家，国君用他，就会安定富足，尊贵荣耀；学生们跟随他，就会孝敬父母，尊敬兄长，忠诚而守信用。'不白吃饭啊！'还有谁比他的贡献更大呢？"

孔子说"君子谋道不谋食",孟子说"劳心者治人,劳力者治于人;治于人者食人,治人者食于人"。孟子把治国安邦的脑力劳动也作为劳动,并且认为是比农业生产等体力劳作更重要的劳动,也理应获得报酬。孟子基于社会分工的必要性所做出的这一结论,无疑是有见地的。

第三十三章

【原文】

王子垫①问曰:"士何事?"

孟子曰:"尚志。"

曰:"何谓尚志?"

曰:"仁义而已矣。杀一无罪,非仁也。非其有而取之,非义也。居恶在?仁是也。路恶在?义是也。居仁由义,大人之事备矣。"

【注释】

①王子垫:赵岐注云:"齐王于,名垫。"

【译文】

王子垫问道:"士人是干什么的事呢?"

孟子答道:"士人使得自己的志向高尚。"

王子垫又问:"怎样才能使自己的志向高尚呢?"

孟子答道:"行仁与义。杀一个没有罪过的人,这不是仁;不是自己的却拿了归自己,这不是义。居住之处在哪里呢?在于仁;行走的路在哪里呢?在于义。居住于仁,依义行走。"

【鉴读】

"士尚志",士人的修养就在于使自己的志行高尚。而高尚的标准就是"居仁由义"。这一段其实并没有什么新的东西,还是孔、孟所一贯呼吁的"仁义"二字,还是强调士人作为一个特殊阶层的修身精神。

不过，"士尚志"言简意赅地概括了对士人的要求，士人的最大标志就是"尚志"而施行仁义，失去了这一点，士人也就不称其为士人了。由此影响到后世的读书人一直把"尚志"作为自己的精神寄托，把"仁"、"义"作为最基本的道德品质。

第三十四章

【原文】

孟子曰："仲子①，不义与之齐国而弗受，人皆信之。是舍箪食豆羹之义也。人莫大焉亡亲戚君臣上下。以其小者，信其大者，奚可哉？"

【注释】

①仲子：陈仲子

【译文】

孟子说："陈仲子，假如不合道理地把齐国交给他，他也不会接受，别人相信这话是真的。但是，他那种义不过是抛弃一筐饭一碗汤的义。人的罪过没有超过不要父兄君臣上下的了，（而陈仲子却这样做了）。只因为一个人有小节操，便相信他也会有大的节操，这怎么能行呢？"

【鉴读】

本章批评了陈仲子的义只是舍弃一筐饭、一碗汤的义。孟子认定的真义和大义是亲亲和尊尊。而陈仲子避兄离母，又耻其兄为齐国大臣，所以孟子认为他并没有考虑亲戚、君臣、上下，他的那点廉洁只是小节操，不是大节操。孟子在这里也告诫人们在道德修养和道德实践中，一定要抓住关键，分清主次，不要舍本逐末，因小失大。

第三十五章

【原文】

桃应①问曰："舜为天子，皋陶②为士，瞽瞍杀人，则如之何？"

孟子曰："执之而已矣。""然则舜不禁与？"曰："夫舜恶得而禁之？夫有所受之也。""然则舜如之何？"曰："舜视弃天下犹弃敝蹝③也。窃负而逃，遵海滨而处，终身䜣④然，乐而忘天下。"

【注释】

①桃应：赵岐注云："孟子弟子。"
②皋陶：传说中东夷族的首领，舜时司法官。
③蹝：亦作"屣"，没有脚跟的鞋子。
④䜣：同"欣"

【译文】

桃应问道："舜做天子，皋陶为法官，但假如舜的父亲瞽瞍杀了人，那该怎么办呢？"

孟子答道："把他逮捕起来。"

桃应又问："那舜不会阻止吗？"

孟子答道："舜怎么会阻止呢？逮捕是有根据的啊。"

桃应问道："那舜又该怎么办呢？"

孟子答道："舜把抛弃天子之位看得跟被抛弃的破烂鞋子一样。（如果那样的话），舜会偷偷地背着父亲逃走，沿着海边住下来，一生也会很快乐，快乐得把天子之位给忘掉。"

【鉴读】

这是典型的道德两难问题，一方面，"王子犯法，与庶民同罪。"王父犯法也应与庶民同罪。所以孟子回答说："执之而已矣。"但另一方面。眼看父亲出事而坐视不救，又不符合孝道。对一般人来说，这个道德难题叫做"忠孝不能两全"，对舜来说，这个道德难题叫做"公（或法）孝不能两全"。怎么办呢？

孟子强调要通权达变，又认为亲情大于法理。在亲情和法律矛盾时，孟子所选择的看似是兼顾的处理方式其实最终还是选择了私情，违背了法律。孟子将私情置于法律之上，也是有一定的消极意义的，为那些徇私枉法的行为提供了借口。虽然这样的做法是很能为人理解，毕竟孝顺父母的观念在中国人心中根深蒂固，但是对于我们今天建设法治社会，是很不利的。法律大于一切，任何人面对法律都是平等的。

第三十六章

【原文】

　　孟子自范之齐，望见齐王之子，喟①然叹曰："居移气，养移体，大哉居乎！夫非尽人之子与？"孟子曰："王子宫室、车马、衣服多与人同，而王子若彼者，其居使之然也，况居天下之广居者乎？鲁君之宋，呼于垤泽之门②。守者曰：'此非吾君也，何其声之似我君也？'此无他，居相似也。"

【注释】

　　①喟：叹息。
　　②垤泽之门：即宋东城南门。

【译文】

　　孟子从范来到齐国，远远地看见了齐王的儿子，长长地叹息道："环境改变气度，奉养改变体质，环境真是很重要的呀！他难道不也是人的儿子吗？"孟子说："王子的住所、车马和衣服多半与别人相同，为什么王子却是那样的呢？就因为他所居住的环境使他那样；更何况以天下为自己住处的人呢？鲁国的国君来到宋国，在宋国的东南城门下呼喊，守门人说：'他并不是我的国君，为何声音和我们国君的声音那么相像呢？这没有别的原因，只因为环境相似罢了。'"

【鉴读】

　　这一章是说，社会环境和道德修养对于人的形容举止都会产生重要的影响。存在决定意识，地位影响气度。不仅气度，就是一般气质、思想观念等，也都深受地位的影响。莫说本来是王子的人气度与一般人不一样，就是原本为平民老百姓，甚至出身苦寒低贱如替人看牛放羊的朱元璋，一旦地位改变，做了天子，那气度与精神风貌也会有天壤之别，这就叫做"居移气"。

有所影响，有所改变并不意味着主体自身完全不起作用，像"环境决定论"者所认为的那样，人完全是周围环境的奴隶。事实上，我们也看到，有不少后来做了皇帝，贵为天子的人，怎么也改不了早年做平民，做农民时的习性和脾气，甚至一些特殊的喜好，这就是主体自身的能动性在起作用。用一句通行的话来说，也可以叫做"江山易改，本性难移"。

其实，生活条件和地位是不易改变的。如果我们要改变自己的气质，最有效的途径还是从自己做起，加强道德修养和文化修养。

第三十七章

【原文】

孟子曰："食①而弗爱，豕交之也；爱而不敬，兽畜之也。恭敬者，币②之未将者也。恭敬而无实，君子不可虚拘。"

【注释】

①食：动词，使之食，引申为奉养。
②币：指礼物。将；送。

【译文】

孟子说："只是养活而不爱，那就如养猪一样；只是爱而不恭敬，那就如养鸟儿养爱犬等畜生一样。恭敬之心是在送出礼物之前就有了的。徒具形式的恭敬，君子不可虚留。"

【鉴读】

孟子批评了诸侯对贤士虚情假意应付的现象，阐明了在礼的形式与实质内容之间，应当重视实质的观点。

"养而不爱如养猪，爱而不敬如养狗。"这两句话对于我们在奉养老人时具有特别的警醒作用。一方面，我们常常看到新闻媒介报道各种各样的对老人大不敬行为，不仅是不敬，甚至连赡养的应尽职责都不愿意尽到。而在孟子看来，不仅应该赡养，而且应该满怀爱心，恭敬有礼地赡养。如果不是这样，那你赡养老父老母也就和养猪养狗差不多了。

总起来说，这一章对我们的重要启示还是一个对父母的态度问题，也就是"孝"的问题。在一般认为"孝道"已日渐式微的今天，这个问题已没有孟子时代那样在社会生活中举足轻重。但从另一方面来说，在对老人的奉养已日益暴露出问题。在世人对这方面的问题日益关注的时候，孟子的论述不是对我们很有警醒作用吗？

第三十八章

【原文】

孟子曰："形色，天性也；惟圣人然后可以践形。"

【译文】

孟子说："人的身体容貌是天生的，这种外在的美要靠内心来充实，只有圣人才能做到。

【鉴读】

这一章，孟子认为，人既然有了与其他动物不同的形体外表，就应当发挥本有的善性，使形体与内在一致起来，从而真正体现人的本质。孟子提出了践行的概念，践行就是要把内在的德行表现在外表上。也就是说，要把内秀转化为外秀。人的相貌是天生的，但是人的内在美却是后天培养的。即使这个人很丑陋，但是他有一颗美丽的心，和他在一起的人也不会觉得他丑陋了。如果一个人外表潇洒漂亮，内心却无比肮脏，那么和他在一起的人随时都会觉得他恶心。所以，心灵才是一个人美丑的决定因素。

第三十九章

【原文】

齐宣王欲短丧。公孙丑曰："为期①之丧，犹愈于已乎？"

孟子曰："是犹或紾②其兄之臂，子谓之姑徐徐云尔，亦教之孝悌而已矣。"

王子有其母死者，其傅为之请数月之丧。公孙丑曰："若此者何如也？"

曰："是欲终之而不可得也。虽加一日愈于已，谓夫莫之禁而弗为者也。"

【注释】

①期：一周年。
②紾：扭转，弯曲。

【译文】

齐宣王想缩短服丧时间。公孙丑说："服丧一周年，不是还比完全不服丧的人要强些吗？"

孟子说："这好比有人在扭他兄长的胳膊，你却说慢慢地扭吧。只要教导他孝顺父母尊敬兄长就行了。"

王子有死了母亲的，王子的老师为他请求服丧几个月。公孙丑问道："像这样的事情，又怎么样呢？"

孟子说："这是由于王子想把三年的丧期服完，却办不到。那么，纵然多服丧一天也比不服丧的要好，这是对那些没有人禁止他服丧自己却不去服丧的人说的。"

【鉴读】

五礼都是用来教化人们的手段，儒家之所以重视它们，并不是为了仪节本身，而是想通过仪节来让人们认识和强化其中包含的实际内容，从而自觉维护社会秩序。三年之丧的目的正是为了使人们体会父母的养育之恩，强化报答孝的观念，因此孟子认为在执行时不能打折扣。

第四十章

【原文】

孟子曰："君子之所以教者五：有如时雨化之者，有成德者，有达财^①者，有答问者，有私淑艾^②者。此五者，君子之所以教也。"

【注释】

①财：通"材"。

②淑：通"叔"，拾取。艾：取。也就是说，淑、艾同义，"私淑艾"也就是"私淑"，意为私下拾取，指不是直接作为学生，而是自己仰慕而私下自学的。这也就是所谓"私淑弟子"的意思。

【译文】

孟子说："君子教育人的方式有五种：有像及时雨一样滋润化育的；有成全品德的；有培养才能的；有解答疑问的；有以学识风范感化他人使之成为私淑弟子的。这五种，就是君子教育人的方式。"

【鉴读】

孟子这里提出了五种教育方式，主张要根据不同的情况，因材施教，不能千篇一律，戕害人才。虽然孟子在这里所列的五种教育方式已包括了德育、智育等各方面，但严格说来，它并不是一个全面的教学体系，各种方式之间也没有严密的逻辑关系，而只是一种列举的性质。

尽管如此，我们还是可以看到，这些不同的教育方式，是根据学生们本身的不同情况，因材施教而总结出来的经验。如果不是从理论方面作系统的要求，而是从教学实际情况出发，把它们引入教学实践，即使是在两千多年后的今天，也仍然是有推广与应用价值的。

第四十一章

【原文】

公孙丑曰："道则高矣，美矣，宜若登天然，似不可及也；何不使彼为可几及而日孳孳也？"

孟子曰："大匠不为拙工改废绳墨，羿不为拙射变其彀率^①。君子引而不发，跃如也。中道而立，能者从之。"

【注释】

①彀率：按射中目标的需要把弓拉开的程度。

【译文】

公孙丑说："圣人之道既高深又完美，像登天一样很难达到。为什么不使它改变得容易达到，而使别人每天去努力呢？

孟子说："高明的工匠不因为拙劣的工人而去改变、废弃绳墨规矩，羿也不会因为拙劣的射手而去改变拉弓的彀率。君子拉满弓却不发箭，只做出跃跃欲试的样子。君子在正确道路之中站住，有能力的人便会自己跟随而来。"

【鉴读】

这里包含相互联系的两层意思。第一层，真理不能降格以求，不能因为追求真理的困难或目标高远而降低目标或标准。从教育的角度来说也是一样，高明的老师不能因为懒惰愚笨的学生而改变或放弃准则。这就是"大匠不为拙工改废绳墨，羿不为拙射变其彀率。"第二层，"君子引而不发，跃如也。"善于引导的老师总是给学生留有消化理解的余地，重在传授方法，以身作则激发学生的学习积极性，这就是'引而不发，跃如也。"孟子在这里实际上提倡的是启发式的教学，这对于我们当今的教育方式改革具有启示作用。

第四十二章

【原文】

孟子曰："天下有道，以道殉身；天下无道，以身殉道；未闻以道殉乎人者也。"

【译文】

孟子说："天下清明，君子得志，'道'也就得以实施；天下黑暗，君子为守'道'，也就不惜因'道'而死；没有听说过歪曲'道'来逢迎王侯的。"

【鉴读】

孟子是说，士君子应当坚守道义，保持高尚的节操和独立的人格，不能牺牲道义逢迎当权者以换取功名利禄。天下清明，君子就会得志。君子出仕，那么道就会得到实施。天下黑暗，君子归隐，就会以身守道，甚至不惜为"道"而死，杀身成仁。杀身成仁便是以身殉道。

第四十三章

【原文】

公都子曰："滕更①之在门也，若在所礼，而不答，何也？"

孟子曰："挟贵而问，挟贤而问，挟长而问，挟有勋劳而问，挟故而问，皆所不答也。滕更有二焉。"

【注释】

①滕更：赵岐注云："滕君之弟，来学于孟子者也。"

【译文】

公都子说："滕更在先生门下学习时，似乎应该以礼貌待之，但先生您却不回答他的问题，为什么？"

孟子说："仗着自己地位尊贵而发问，仗着自己的贤能而发问，仗着自己年长而发问，仗着自己功劳卓著而发问，仗着自己是故交而发问，这些发问我都不予以回答。这五条之中，滕更就已经占了两条，（所以我不回答他）。"

【鉴读】

孟子认为，作为知识的掌握者，要保持住自己的尊严，不能屈服于权势或者其他的力量。这不是为了维护个人的地位，而是因为老师是真理和道义的掌握者和代表者。真理和道义是任何势力都不该凌驾于其上的。

孟子在论交朋友的原则时已经说过："友也者，友其德也，不可以有挟也。"因此要"不挟长，不挟贵，不挟兄弟而友。"(《万章下》) 交朋友是"友其德也"，所心，不能够掺杂长、贵弟兄权势等外在的因素，掺杂了这些因素，所谓的友谊也就不纯了。同样的道理，求教于老师门下，目的是为了学习知识，切磋学问，教学相长，因此，也不能掺杂贵、贤、长、勋劳、故旧等外在的因素，一旦掺杂了这些因素，就会如朱熹《集注》引尹氏所说："有所挟，则受道之心不专，所以不答也。"所谓不专，也就是指心不诚，求学心不诚，怎么能有所收获呢？所以孟子不予回答。

第四十四章

【原文】

孟子曰："于不可已①而已者，无所不已。于所厚者薄，无所不薄也。其进锐者，其退速。"

【注释】

①已：朱熹注云："已，止也。"

【译文】

孟子说："对不可以停止的事情却停止了，那就没有什么不可以停止的；对应当厚待的人却给予薄待，那就没有谁不可以薄待了。前进迅猛的人，后退也就会很迅速。"

【鉴读】

孟子在这里是说，做事情必须坚守原则。根据原则可以做但是不去做的人，对他来说就没有什么必须去做的事情；根据原则不能做而又做了的人，对于他来说没有什么是不能做的事情。因此，一个人做事情不能保守，也不能激进，一切唯原则是从。从遵守原则这个角度来说，保守和激进从本质上说都是一样的。

第四十五章

【原文】

孟子曰："君子之于物^①也，爱之而弗仁；于民也，仁之而弗亲。亲亲而仁民，仁民而爱物。"

【注释】

①物：朱熹注曰，指禽兽草木。

【译文】

孟子说："君子对于万物，爱惜它，但谈不上仁爱；对于百姓，仁爱，但谈不上亲爱。亲爱亲人而仁爱百姓，仁爱百姓而爱惜万物。"

【鉴读】

对于物，主要是爱惜。爱惜的具体表现，按照朱熹的说法，就是要"取之有时，用之有节。"这种思想，倒是有我们今天环境保护，珍惜自然资源的意识了。

对于民，也就是老百姓，需要仁爱。仁爱的具体表现，按照朱熹引程颐的看法，也就是孟子在《梁惠王上》里面所说的"老吾老以及人之老，幼吾幼以及人之幼。"对于亲，也就是自己的亲人，则不是爱心和仁爱的问题，而是一种以血缘关系为纽带的亲爱，是爱之中最自然最亲密的一个层次了。

但是，只有当你能够亲爱亲人时，才有可能推己及人地去仁爱百姓；只有当你能够仁爱百姓时，才有可能爱惜万物。不然的话，就会成无源之水，无本之木，是不可能维系下去的。所以，爱虽然有亲疏，有差第，但这些亲疏差第之间却又有着内在的必然联系。从亲爱自己的亲人出发，推向仁爱百姓，再推向爱惜万物，这就形成了儒学的"爱的系列"，而我们发现，这个系列又正好是和《大学》所开列的"修身、齐家、治国、平天下"阶梯相统一的。

第四十六章

【原文】

孟子曰："知者无不知①也，当务之为急；仁者无不爱也，急亲贤之为务。尧舜之知而不遍物，急先务也；尧舜之仁不遍爱人，急亲贤也。不能三年之丧，而缌②小功之③察；放饭流歠④，而问无齿决⑤，是之谓不知务。"

【注释】

①知者无不知：第一个"知"同"智'，第二个"知"为知道"。

②缌：指缌麻三月的孝服。缌麻三月是五种孝服中最轻的，用熟布为孝服，服丧三个月。

③小功：五月的孝服。如外孙为外祖父母戴孝，服丧五个月。

④流歠：歠，饮，啜。赵岐注云："流歠，长歠也。"

⑤齿决：古人用餐，湿肉用牙齿啃断，干肉只用手折断。如果在长者面前以牙齿咬断干肉，这是不礼貌的吃相。此处的"齿决"指以牙齿啃断干肉。

【译文】

孟子说："智者是没有什么不应该知道的，但急于当前重要之事；仁者没有不仁爱的，但是务必先爱亲人和贤人。尧舜的智慧不能完全知道所有的事物，那是因为他们急于知道首要的任务；尧舜的仁德不能普爱所有的人，那是因为他们急于爱亲人和贤人。如果不能为父母服三年的丧期，却对于缌麻三月、小功五月的丧期仔细讲求；在长者面前大口吃饭，大口喝汤，却讲究不用牙齿啃断干肉，这就叫做不识大礼。"

【鉴读】

俗话说："丢了西瓜拣芝麻。"抓住小的却失去大的，抓住次要的却失去主要的，因小失大，舍本逐末，这就叫做"不知务"。凡事总有轻重缓急，因此，要抓住当前急切应办的事先做。

国家的发展、个人的生活、工作的进行都是这样。一个人的能力总是有限的，要同时进行各方面的工作，全面开花是不可能的。所谓"饭要一口一口地吃"，事情要一件一件地做，每一个时期有一件最主要的事情，这样日积月累，就会像滚雪球一样，不断取得成效。

第十四篇　尽心下

第一章

【原文】

孟子曰："不仁哉梁惠王也！仁者以其所爱及其所不爱，不仁者以其所不爱及其所爱。"

公孙丑问曰："何谓也？"

"梁惠王以土地之故，糜烂其民而战之。大败，将复之，恐不能胜，故驱其所爱子弟以殉之，是之谓以其所不爱及其所爱也。"

【译文】

孟子说："梁惠王真是太不仁了！仁者是把他所喜爱的（恩惠）普施于他所不喜爱的人，而不仁者则把他所不喜爱的推及给他所喜爱的人。"

公孙丑听了，问道："这是什么意思？"

孟子说："梁惠王为了争夺土地，驱使他的老百姓去作战，使他们暴尸野外。吃了大败仗，准备再战，又怕不能取胜，因此驱使他所喜爱的子弟去献身，这就是把他所不喜爱的（祸害）扩展到他所喜爱的人身上的。"

【鉴读】

本章批评春秋时期没有正义战争，这既表达了孟子的历史观，也是其政治观点的体现。春秋时期的主要特征就是诸侯争霸。各个诸侯国之间，为了争夺霸主地位、土地、人口，连年发动兼并战争。据统计，在春秋时期两百多年里，发生四百多次战争，其中只有两次是为复国复仇而战。孟子并不是反对所有的战争，他坚决反对的是为了掠夺而发起的非正义战争，赞成救民于水火之中的正义战争。

第二章

【原文】

孟子曰："春秋无义战。彼善于此，则有之矣。征者，上伐下也，敌国[1]不相征也。"

【注释】

①敌国：指地位相等的国家。

【译文】

孟子说："春秋时代没有合乎义的战争。那一国或许比这一国要好一点，这样的情况倒是有的。所谓征，是指上讨伐下，同等级的国家之间是不能够相互讨伐的。"

【鉴读】

"春秋无义战"，这既表达了孟子的历史观，也是其政治观的体现。因为，儒家认为，"礼乐征伐自天子出"，这才是合乎义的，而春秋时代则是"礼崩乐坏"，"礼乐征伐自诸侯出"，所以没有合乎义的战争。

战争的确是和政治紧紧联系在一起的，因此，也的确有正义战争和非正义战争之分。但以我们今天的观点来看，衡量正义战争和非正义战争的标准主要是看发动战争的人目的是什么，而不是看什么人来发动战争。就长远来看，我们应该相信正义的一方必将战胜非正义的一方。

第三章

【原文】

孟子曰："尽信《书》，则不如无《书》。吾于《武成》[1]，取二三策[2]而已矣。仁人无敌于天下，以至仁伐至不仁，而何其血之流杵[3]也？"

【注释】

①《武成》:《尚书》的篇名。现存《武成》篇是晋代伪造的伪古文。

②策:竹简。古代用竹简书写,一策相当于我们今天说的一页。

③杵:舂米或捶衣的木棒。

【译文】

孟子说:"完全的相信《尚书》,就不如没有《尚书》这部书。我对于《武成》这一篇,也只不过相信它两三片竹简上的文字。仁者无敌于天下,以最讲仁道的周武王去讨伐最不讲仁道的商纣,义军所到之处备受百姓欢迎,又怎么会发生血流成河,甚至把捣米用的大木棒都漂走的事呢?"

【鉴读】

孟子认为,看书必须要有自己的分析、思考和判断,这种敢于疑书、敢于与权威较劲的精神,是应该提倡的,这种精辟透脱的读书法,要求读者善于独立思考问题。

古往今来,人们关于书已不知有过多少礼赞。的确,书是我们人类拥有专利的恩物,对很多人来说,还是他们崇拜的神圣对象。但是,如果我们完全信书,唯书本是从,轻则使个人成为书呆子,重则形成所谓"本本主义"、"教条主义"和"唯书"的作风,误人子弟,贻害无穷。

第四章

【原文】

孟子曰:"有人曰:'我善为陈①,我善为战。'大罪也。国君好仁,天下无敌焉。南面而征北狄怨,东面而征西夷怨,曰:'奚为后我?'武王之伐殷也,革车②三百两,虎贲三千人。王曰:'无畏!宁尔也,非敌百姓也。'若崩厥角③稽首。征之为言正也,各欲正己也,焉用战?"

【注释】

①陈：同“阵”，列阵。

②革车：指兵车。

③厥角：顿首，叩头。

【译文】

孟子说：“有人说：‘我善于布阵排兵，我善于指挥打仗。’这其实是莫大的罪过。一国君主喜欢仁道，则会天下无敌。商汤南向征讨，北方狄人就埋怨：东向征讨，西方夷人就埋怨，他们说：‘为什么不先到我这儿来呢？’周武王讨伐殷商时，兵车三百辆，勇士三千人。武王对殷商的百姓道：‘不要害怕！我们是来安定你们，并不是与你们为敌的。’百姓听了，便跪拜叩头，声响如山崩。征是正的意思，各人都希望端正自己，哪里还用得着作战呢？”

【鉴读】

孟子反对不义战争，认为国君如果真正想要统一天下，就应当用仁德的办法使民众归心，而不是采用劳民伤财的战争方式。

孟子“仁者无敌”的观点有一定的道理。但实际上有一个先决条件，就是“仁政”，必须是“至仁”。但是施行仁政也是需要战略战术的，是需要制度保障的。好的社会制度才能确保“仁者”管理国家，并把“不仁者”赶下台。

第五章

【原文】

孟子曰：“梓匠轮舆能与人规矩，不能使人巧。”

【译文】

孟子说：“能工巧匠能够教会别人规矩法则，但不能够教会别人巧。”

这一章的意思是说，做事情要发挥主观能动性，靠自己体悟，自己把握。

德国哲学家康德有一段对诗歌艺术的分析正好可以借来发挥孟子的这一思想。康德说："尽管对于诗艺有许多详尽的诗法著作和优秀的基本典范，但人不能学会巧妙地做好诗。"以大诗人荷马为例，他可以教给人作诗的方法、韵律等，但绝不可能教会第二个人也写出他的那些伟大诗篇。因为他自己"也并不知道他的那些想象丰富而思致深刻的意象是怎样涌上他的心头而集合在一起的。"

简单说，诗艺也罢，能工巧匠的手工艺技巧也罢，都只能教会人规矩法则而不能教会人如何去"巧"。而规矩法则仅仅是及格线，要想真正"巧"起来，关键还在于自己勤勉努力地去摸索，所谓"心有灵犀一点通"，所谓"熟能生巧"，都离不开各人的体悟。这也正是"师傅领进门，修行在个人"的意思。

第六章

【原文】

孟子曰："舜之饭糗茹草①也，若将终身焉。及其为天子也，被袗衣，鼓琴，二女果②，若固有之。"

【注释】

①饭糗茹草：饭、茹均作动词，吃。糗：干粮。
②果：亦作"婐"，侍。

【译文】

孟子说："舜当年啃干粮、吞野菜时，好像要这样过一辈子；等到他当了天子，穿着麻葛单衣，弹着琴，有尧的两个女儿侍候着他，又好像本来他就已经拥有这些了。"

【鉴读】

这一章是说，一个真正伟大的人，是一个不因富贵与贫贱而心地起伏，也就是轻视富贵的人。圣人有着内心的操守，是不会因为外界的原因而使自己有所改变。仁德充足的人，即使遭遇乱世，也不会迷失本性，不发国难财，不趁火打劫。

第七章

【原文】

孟子曰："吾今而后知杀人亲之重地：杀人之父，人亦杀其父；杀人之兄，人亦杀其兄。然则非自杀之也，一间耳①。"

【注释】

①一间：相距很近。

【译文】

孟子说："我现在才懂得杀害别人亲属的严重性了：杀了别人的父亲，别人也会杀死他的父亲；杀了别人的兄长，别人也会杀死他的兄弟。那么，（父亲和兄弟）虽然不是自己所杀，但（和自己所杀）也没什么区别了。"

【鉴读】

"己所不欲，勿施于人。"人们看了请君入瓮之类的故事，大都会拍手称快。在为残害他人的人得到了惩治和报应而痛快的同时，也留给人们许多思考。如果大家都能够换位思考，相互信任和谅解，就不会有那么多瞻前不顾后、为己不顾人的险恶小人。如果大家不时时视他人为仇敌，无论做任何事情，就不会有那么多的阻力、压力和内耗。

第八章

【原文】

孟子曰："古之为关也，将以御暴；今之为关也，将以为暴。"

【译文】

孟子说："古时候设立关卡，是打算用来抵御强暴的；如今设立关卡，却是打算施行强暴的。"

【鉴读】

孟子认为，在上古时期，任何政治措施就是为了保护和方便老百姓而采取的，而到了后来，本来为了保护和方便百姓的东西却成了盘剥百姓的工具。因此，他呼吁统治者停止盘剥、残害老百姓的行为，在国家治理中"以民为本"，实行"仁政"。

第九章

【原文】

孟子曰："身不行道，不行于妻子；使人不以道，不能行于妻子。"

【译文】

孟子说："自身都不遵道而行，那么道在妻子、儿女身上也行不通；使唤别人不遵道而行，那么连妻子、儿女都使唤不了。"

【鉴读】

孟子提出了以身作则的主张。

在家庭教育和学校教育中，对学生最好的教育方法就是榜样示范的方式，如果父母和老师都能亲自实践自己所言所行，学生和孩子自然会受到感化而向榜样学习。在生活中，我们在向他人提出要求的时候，首先要反思自己是否做到了。如果人人都能以身作则，而不是苛求别人，建成和谐社会便指日可待了。

第十章

【原文】

孟子曰："周①于利者，凶年不能杀②；周于德者，邪世不能乱。"

【注释】

①周：充足。
②杀：窘困。

【译文】

孟子说："财富充足的人，荒年不能让他窘困；德行深厚的人，乱世也不能让他迷惑。"

【鉴读】

这章是说，如同物质可以满足人的身体需要一样，道德可以满足人的精神需要。因此一个人为了保持自身思想的独立和崇高的境界，就必须不断加强道德修养。

第十一章

【原文】

孟子曰："好名之人，能让千乘之国；苟非其人，箪食豆羹见于色。"

【译文】

孟子说："喜好名望的人，可以把拥有千辆兵车的国家谦让给别人，但如果不是喜欢名望的人，就是让他给别人一筐饭、一碗汤，他也会把不愉快的神情表现在脸上。"

这一章是说，注重名声的人所重视的是道德、节操等内在的追求。对于一个真正重视精神追求的人来说，物质财富等外在的东西在他看来如同草芥。而对于那些毫不顾惜名声的人来说，则会把任何小小的物质利益都看得很重。

第十二章

【原文】

孟子曰："不信仁贤，则国空虚；无礼义，则上下乱；无政事，则财用不足。"

【译文】

孟子说："不信任仁德贤能，国家就会空虚；不讲究礼义，上下关系就会混乱；没有好的政治，国家财用就会不足。"

【鉴读】

尊重人才、恪守礼仪、推行善政是一个国家富强和稳定的重要条件。如果不重视这些条件，国家就会贫弱，秩序就会混乱。得民心者得天下。

第十三章

【原文】

孟子曰："不仁而得国者，有之矣；不仁而得天下者，未之有也。"

【译文】

孟子说："不施行仁道却能得到一个国家，这种事倒曾发生过，但不施行仁道却能得到天下，这样的事从未曾发生过！"

【鉴读】

国家，作为一个统治工具，可以依靠任何手段获得，孟子说不仁的人也可以获得国家，但是没有不仁义的人可以获得天下的，因为他们不能获得民心。在孟子的思想里，仁政的推行获得的首先是民心，民心的向背决定了天下的归属。

现实生活中也是这样，一个人如果有道德，平时考虑别人的利益，能够从别人的角度思考问题，那么他就会赢得别人的合作和尊重，在遇到困难时人们愿意帮助他。但是也会有这样的人，平时只关心自己的名利，对他人无任何关爱和帮助，这样的人遇到困难的时候，是注定不会得到别人的帮助和合作的。这些人能够捞到一些小便宜，但是永远成不了大器，永远成不了真正的领导者。

第十四章

【原文】

孟子曰："民为贵，社稷①次之，君为轻。是故得乎丘②民而为天子，得乎天子为诸侯，得乎诸侯为大夫。诸侯危社稷，则变置，牺牲③既成，粢盛既絜④，祭祀以时，然而旱干水溢，则变置社稷。"

【注释】

①社稷：社，土神。稷，谷神。古代帝王或诸侯建国时，都要立坛祭祀"社"、"稷"，所以，"社稷"又作为国家的代称。

②丘：众。

③牺牲：供祭祀用的牛、羊、猪等祭品。

④粢：稷，粟米。粢盛既絜的意思是说，盛在祭器内的祭品已洁净了。

【译文】

孟子说："黎民百姓最重要，土神、谷神其次，君主为轻。所以，得到百姓的拥护的做天子，得到天子欢心的做诸侯，得到诸侯信任的做大夫。诸侯要是危害国家，就废掉他改立别的人。祭祀用的牲口长肥已经合乎标准，祭器中的祭物已洁净，祭祀更是按一定时候举行，但百姓依然遭受旱灾与水灾，那就得另立土神和谷神了。"

【鉴读】

本章是孟子最著名的论断，对中国政治理论和实践产生了长达千年的深刻影响。本章的思想，被归结为是"民本"思想，是孟子仁政的基本内容。"民贵君轻"成为后世广泛流传的名言，一直为人们所引用。有必要提出的是，"民"是一个集合概念，"民"作为一个集合的整体是贵的，重于国君的，民心的向背，直接决定了一国的政治走向。

第十五章

【原文】

孟子曰："圣人，百世之师也，伯夷、柳下惠是也。故闻伯夷之风者，顽夫廉，懦夫有立志；闻柳下惠之风者，薄夫敦，鄙夫宽。奋乎百世之上，百世之下，闻者莫不兴起也。非圣人而能若是乎？而况于亲炙之者乎？"

【译文】

孟子说："圣人是百代人的老师，伯夷和柳下惠正是这样的人。所以，听到伯夷的节操的人，贪婪者也就变得廉洁了，懦弱的人也就有了独立不屈的意志了；听到柳下惠的节操的人，刻薄的人也会变得老实厚道了，心胸狭隘的人也会变得胸怀宽大了。百代之前他们奋发而为，百代之后听到他们事迹的人，没有不为之奋发的。如果不是圣人，会有这样的影响吗？更何况是那些亲自接受过（圣人）熏陶的人呢？"

【鉴读】

孟子认为，伯夷、柳下惠虽然是在百代之前奋发有为，但是在百代之后，闻其风者莫不感动奋发。相隔百代，闻其风者尚且如此，何况亲自接受圣人教育的人呢？所以说，圣人是具有高风亮节的人，是人们心目中的偶像，是百代之师。孟子通过赞扬圣贤化民为俗的功绩，激励人们效法圣贤，努力加强自身的修养。

第十六章

【原文】

孟子曰："仁也者，人也。合而言之，道也。"

【译文】

孟子说："'仁'的意思就是'人'。'仁'和'人'的意思合起来说，就是'道'。"

【鉴读】

在儒家看来，"仁"是专属于人的本质属性。一方面，在人类社会之外，不可能有"仁"；另一方面，如果不具有仁德，也就不可以称其为人。所谓"道"就是将"仁"贯彻到具体实践，使人具有仁德。

第十七章

【原文】

孟子曰："孔子之去鲁，曰，'迟迟吾行也，去父母国之道也。'去齐，接淅①而行，去他国之道也。"

【注释】

①接淅：捞取已淘的米。淅，淘米。

【译文】

孟子说："孔子离开鲁国的时候说：'我们慢慢地走吧。'这是离开祖国的态度。离开齐国的时候，把淘完的米捞出来，来不及把它做熟就出发了，这是离开别国的态度。"

【鉴读】

这一章孔子离开故国与离开异邦态度的不同，表现了孔子对父母之邦的热爱。

第十八章

【原文】

孟子曰："君子之厄于陈、蔡之间，无上下之交也。"

【译文】

孟子说："孔子被围困在陈国和蔡国之间，是因为和两个国家的君臣都没有交往的缘故。"

【鉴读】

此章说明孔子厄于陈、蔡的原因，赞扬了孔子不谄媚阿谀，保持高尚节操和独立人格的高贵品质。

第十九章

【原文】

貉稽曰："稽大不理于口。"

孟子曰："无伤也。士憎兹多口。《诗》云：'忧心悄悄，愠于群①小。'孔子也。'肆不殄厥愠，亦不殒厥问②。'文王也。"

【注释】

①忧心一句：引自《诗经·邶风·柏舟》。
②肆不殄一句：引自《诗·大雅·绵》。殒：损害。问：声誉。

【译文】

貉稽说："我不擅长分辨别人对我的损毁。"孟子说："这没什么关系。士人都讨厌七嘴八舌的议论。《诗经·邶风·柏舟》说：'禁得住忧心如焚，一群小人把我恨。'孔子就是这样的。'别人的怨恨不消，也无损于自己的名声。'这样的是文王。"

【鉴读】

俗话说"众口铄金"，流言的力量是巨大的。人言可畏的道理几乎无人不知，然而，人人都不同程度地议论别人。由于一个人对不同人的喜好厌恶程度不同，所以对别人的评价，往往会从自己的个人立场出发，"戴着有色眼镜看人"。因此，"流言止于智者"，我们应该在必要的时候听取别人的意见，但也绝不能轻信别人而没有自己的判断。这也是防止落入流言圈套的方法。

第二十章

【原文】

孟子曰："贤者以其昭昭，使人昭昭；今以其昏昏，使人昭昭。"

【译文】

孟子说："贤人先使自己明白，然后才去使别人明白；今天的人则是自己都没有搞清楚，却想去使别人明白。"

【鉴读】

我们今天说："教育者先受教育。"或者说："要给学生一碗水，自己得有一桶水。"都是"以其昭昭，使人昭昭"的意思。相反，身歪却要求影子正，源浊却要求流水清，自己都没搞清楚，却想使别人明白，"以其昏昏，使人昭昭"，这不是缘木求鱼吗？

孟子说得好："缘木求鱼虽然得不到鱼，但却没有什么后患。以你的所作所为追求你想得到的，越是努力，越是后患无穷。"(《梁惠王上》)这段批评梁惠王的话，移在这里来批评"以其昏昏使人昭昭"的人，真是准确极了。

如果是一位教师，"以其昏昏使人昭昭"，必然谬种流传，误人子弟；

如果是一位官员，"以其昏昏使人昭昭"，必然诬枉不正，贻害他人。

第二十一章

【原文】

孟子谓高子曰："山径之蹊①间，介然②用之而成路；为间③不用，则茅塞之矣。今茅塞子之心矣。"

【注释】

①蹊：足迹。
②介然：始终不断。
③为间：不长的时间。

【译文】

孟子对高子说："山坡上的小路，不断地去走就成了路；隔段时间不走，它就被茅草堵塞住。现在是茅草塞住了你的心啊！"

【鉴读】

"有志者事竟成"。做任何事情都要有恒心，不能半途而废。道德修养也是一样。如果在心性修养时不努力，三天打渔两天晒网，甚至中途放弃，那么，本性中原有的善性也会被荒废。孟子在这里提醒我们，在求学途中，要踏踏实实去做，不要轻易为外力所动摇，否则将会一事无成。

第二十二章

【原文】

高子曰："禹之声尚①文王之声。"孟子曰："何以言之？"曰："以追蠡②。"曰："是奚足哉？城门之轨，两马之力与？"

【注释】

①尚：同"上"。

②追蠡：追，乐钟的悬钮。蠡，磨损殆尽。

【译文】

高子说："禹的音乐要高于文王的音乐。"孟子说："凭什么这样说呢？"高子说："因为禹传下来的乐钟的悬钮都快断了。"孟子说："这怎么足以证明呢？城门下面的车辙很深，难道仅仅是几匹马的力量吗？"（那是年代久远车马经过太多的缘故。禹的乐钟悬钮快断了，也可能是因为年代太久远了。）

【鉴读】

本章用了一个形象化的故事说明时间可以改变一切，以另一个角度讲，也隐喻了要想成就某作为，必得经天长地久的工夫，百步穿杨，非一日之功。

第二十三章

【原文】

齐饥。陈臻曰："国人皆以夫子将复为发棠①，殆不可复。"

孟子曰："是为冯妇也。晋人有冯妇②者，善搏虎，卒为善士。则之野，有众逐虎。虎负嵎，莫之敢撄。望见冯妇，趋而迎之。冯妇攘臂③下车。众皆悦之，其为士者笑之。"

【注释】

①发棠：棠，齐国的粮仓。发棠，开仓放粮。

②冯妇：姓冯名妇之人。

③攘臂：卷袖露臂。

【译文】

齐国闹饥荒。陈臻对孟子说："国内百姓都认为您会再次劝说齐王打开棠邑的粮仓赈济灾民，这次恐怕不会再那样做吧。"孟子说："再那样做就成了冯妇一样的人了。晋国有个叫冯妇的人，善于打老虎，后来成了善人，（不再打虎了。）有一次他到野外去，很多人都在追一只老虎。老虎靠着山角，没有人敢上前捉它。人们远远看到冯妇，就快步上前迎接他。冯妇就挽起衣袖伸伸胳膊下了车。人们都高兴他这样做，但其中的士人却在讥笑他。"

【鉴读】

士人讥笑什么？讥笑他重操旧业，又干起了打虎的勾当，而把自己做善士的追求放弃了。所以，"再作冯妇"作为一个成语，是指人应该明白见机守义，不应因环境而轻易放弃自己的追求与原则。简言之，就是不应"再作冯妇"。

孟子说这话时，可能齐王已不愿意用他了，孟子也不愿意再作冯妇，已经准备要离开齐国了。孟子在这里也表达了自己离开齐国的决心，说明了坚持仁义之道做出的决定，不能被外在的诱惑所改变。

第二十四章

【原文】

孟子曰："口之于味也，目之于色也，耳之于声也，鼻之于臭①也，四肢之于安佚也，性也，有命焉，君子不谓性也。仁之于父子也，义之于君臣也，礼之于宾主也，知之于贤者也，圣人之于天道也，命也，有性焉，君子不谓命也。"

【注释】

①臭：同"嗅"，气味。

【译文】

孟子说:"嘴巴对好吃的滋味,眼睛对好看的颜色,耳朵对好听的声音,鼻子对好闻的气味,四肢对安逸舒适,这些需要都是本性,但是能否得到要靠命运安排,所以君子不认为这些是本性的必然(所以不去强求)。仁对于父与子,义对于君与臣,礼对于宾与主,智慧对于贤能的人,圣人对于天理,能否各得其宜,都属于命运,但这也是本性的必然,所以君子也不认为它们是属于命运(而是努力顺从本性,力求实现)。"

【鉴读】

本章通过四肢欲安逸由天性所致和仁义对父子或天道由命运决定这些道理,意想告诉人们君子不谈论命运,顺其自然,努力去做罢了。至于能否成功,就不去管它了。

孟子的仁义礼智说,最伟大之处在于,把这些今天看来是后天修养的东西,内化为是先天的自然本性。这对于在更大的范围内推行仁义礼智有着巨大意义。

第二十五章

【原文】

浩生不害①问曰:"乐正子,何人也?"

孟子曰:"善人也,信人也。"

"何谓善?何谓信?"

曰:"可欲之谓善。有诸己之谓信。充实之谓美。充实而有光辉之谓大。大而化之之谓圣。圣而不可知之之谓神。乐正子,二之中,四之下也。"

【注释】

①浩生不害:齐国人。姓浩生名不害。

【译文】

浩生不害问："乐正子是一个怎样的人？"孟子说："是好人，很诚信的人。"浩生不害说："什么叫好？怎么诚信？"孟子说："值得喜欢就叫做好，那些好处确实在他身上存在就叫诚信，那些好处充满他本身就叫美，不但充满而且放出光辉就叫大，放出光辉且能化育万物的就叫圣，具有圣德且到了不可测度境界的就叫神。乐正子符合前两条，但并没有达到后四条。"

【鉴读】

孟子把有道德的人分为善、信、美、大、圣、神六个等级，前四个限于自我修养，后两个是说明自我修养达到一定的境界而感化万物，感化其他。圣是有意为之，神则是顺其自然无意为之。无论哪个等级，在孟子看来都是对善的深化，随着程度的不同，其影响力也不同。孟子在这里是鼓励人们努力奋进，有所作为，不断提高自己的境界。

第二十六章

【原文】

孟子曰："逃墨必归于杨，逃杨必归于儒。归，斯受之而已矣。今之与杨、墨辩者，如追放豚，既入其苙①，又从而招②之。"

【注释】

①苙：畜栏。
②招：捆绑。

【译文】

孟子说："离开墨家的人一定会归到杨朱去，离开杨朱的人一定会归到儒家的。回归就接受他们算了。现今与杨墨学派辩论的人，就好像追赶跑掉的小猪，虽已经把它赶进猪圈了，还要捆住它的脚。"

战国时期，诸子百家争鸣，学派林立，墨家主张"兼爱"、"非攻"，杨朱主张"为我"，儒家主张"仁义"，三家都是显学。在这其中，孟子向来是以论辩著称。本章表达了孟子对于被异端迷惑的人的态度，认为同他们进行辩论，目的只是让他们转变观念，接受仁义之道。

第二十七章

【原文】

孟子曰："有布缕之征、粟米之征、力役之征。君子用其一，缓其二。用其二而民有殍，用其三而父子离。"

【译文】

孟子说："有征收布帛的税，有征收粮食的税，还有使人出力的税。君子采用其中的一种，暂时不用另两种。如果同时征收两种，就会有百姓饿死；同时征收三种，就会有父子离散。"

【鉴读】

本章表明了孟子以民为本，轻徭薄赋的主张、反对过重的负担影响百姓的正常生活。百姓是国家的根本，赋税徭役都是从百姓那里得到的。作为统治者，对赋税徭役的征发，首先要考虑民力是否能够承受，如果征敛无度，徭役不休，肯定会失去民心。这个国家便难以生存了。

第二十八章

【原文】

孟子曰："诸侯之宝三：土地，人民，政事。宝珠玉者，殃必及身。"

孟子说:"诸侯的宝贝有三件:土地、百姓和政治。如果把珠玉看成是宝贝,必定会有灾祸引上身。"

【鉴读】

一般人玩物丧志,当政者玩物丧政,诸侯玩物丧国,天子玩物便丧失天下了。历史证据不胜枚举。

第二十九章

【原文】

盆成括^①仕于齐。孟子曰:"死矣盆成括!"

盆成括见杀,门人问曰:"夫子何以知其将见杀?"

曰:"其为人也小有才,未闻君子之大道也,则足以杀其躯而已矣。"

【注释】

①盆成括:齐国人。姓盆成名括。

【译文】

盆成括在齐国做官,孟子说:"盆成括快死了!"盆成括果然被杀。弟子问道:"老师您怎么知道他会被杀呢?"孟子说:"他这个人有点儿小才,却不知道君子的大道,就足以招致杀身之祸。"

【鉴读】

孟子认为,一个人应该有大智慧,而不能沾沾自喜于小聪明。小聪明,细微之处看得清楚,算得精细,往往察人之隐,超人之先。但又同时眼界不宽,心胸狭窄,眼里揉不进一粒沙子,心中容不下一点不平,往往在小事上放不开,丢不下。

"明足以察奸"和"智足以成事"都是必要的,小聪明做得到,大聪明的"君子"也应该要做得到，简言之，聪明和敏感都是不错的，关键在于处理的方式大有讲究。所谓"仁义行之"，"谦顺处之"，就是要有所涵养，有所藏敛，小事上容得下，放得开，得饶人处且饶人，不必一个钉子一个眼，有时候甚至要睁只眼闭只眼，"糊涂"一点才好。

君子应力戒小聪明而修炼大家风度、大雅风度，宰相肚里能撑船。也就是行"君子之大道。"

第三十章

【原文】

孟子之滕，馆于上宫。有业屦①于牖上，馆人求之弗得。或问之曰："若是乎从者之廋②也？"

曰："子以是为窃屦来与？"

曰："殆非也。夫子之设科也，往者不追，求者不拒。苟以是心至，其受之而已矣。"

【注释】

①业屦：未编好的草鞋。
②廋：藏匿。

【译文】

孟子到了滕国，住到上等的旅馆中。有双还没有编好的草鞋不见了，旅馆里的人没有找到。有人问孟子说："跟从您的人就像这样偷拿别人东西吗？"孟子说："您认为这些人仅是为了偷草鞋才来的吗？"那人说："大概不是的，但您开设课程，对走的学生绝不追问，对来的学生从不拒绝。如果他们怀着求学的目的来，就接收他们罢了（所以也难免品行不好的混在其中啊）。"

【鉴读】

这一章说的是孟子的教育理念。只要学生有向道之心，他都是来者不拒的。无论什么样的学生，只要是跟着他学习，不管他以前怎么样、现在能来到这儿，就说明他有学习的欲望。察其心，观其行，根据他的资质进行教育，这与孔子的"有教无类"、"因材施教"的教育理念是相通的。

第三十一章

【原文】

孟子曰："人皆有所不忍，达之于其所忍，仁也；人皆有所不为，达之于其所为，义也。人能充无欲害人之心，而仁不可胜用也；人能充无穿窬①之心，而义不可胜用也；人能充无受尔汝之实，无所往而不为义也。士未可以言而言，是以言餂②之也；可以言而不言，是以不言餂之也，是皆穿窬之类也。"

【注释】

①穿窬：穿穴逾墙。
②餂：获取。

【译文】

孟子说："谁都有不忍心去做的事，把这种不忍推广到他忍心去做的事上，就是仁；每个人都有不愿意去做的事，把这种不愿意推广到他愿意去做的事上，就是义。如果人能推广不想害人的心，那么仁就用不尽了；如果人能推广不穿洞跳墙（行窃）的心，那么义就用不尽了；只要能推广不接受轻视的实际言行，那么无论到哪里都不会不合乎义了。一个士人，不可以与人说话非要说，这是用言语诱惑而获利；可以与人说话却不说，这是用沉默诱惑而获利；这些都是算是穿洞跳墙一类的事情。"

【鉴读】

孟子告诫人们要自觉加强道德修养，不断使自己先天本有的善性得到扩充。如果善性完全得到扩充，那就不会再去做不符合仁义的事情了。

第三十二章

【原文】

孟子曰："言近而指①远者，善言也；守约而施博者，善道也。君子之言也，不下带②而道存焉；君子之守，修其身而天下平。人病舍其田而芸人之田，所求于人者重，而所以自任者轻。"

【注释】

①指：同"旨"。

②不下带：带：腰带。朱熹《集注》去："古人视不下带，则带以上仍常见至近之处也。举目前之近事而至理存焉。"

【译文】

孟子说："言语浅显是但意义深远，这是妙言；坚守简约而成效很大，这是妙法。君子的话，虽然讲的是身边的事，但也是寓含了大道理；君子所坚守的，就是修养自身而使天下太平。人们不满放弃自己的田地不种却去耕种别人的田地，对别人的要求很重，但对自己的要求却很轻。"

【鉴读】

这段话很抽象，其要旨是讲君子的修养。孟子指出，言语浅进而意旨深远的是善言；操持简约而恩泽博大的是善道。君子的言谈，讲的是眼前的事情，然而道却蕴藏在其间。君子的操守，从修身养性开始，却可以平定天下。孟子之意，是强调君子首先要修身养性，从自己做起，从眼前的事情做起，从小事做起。

第三十三章

【原文】

孟子曰："尧舜，性者也；汤武，反之也。动容周旋中礼者，盛德之至也。哭死而哀，非为生者也。经①德不回②，非以干禄也。言语必信，非以正行也。君子行法③，以俟命而已矣。"

【注释】

①经：奉行。
②回：邪曲。
③行法：依法度行事。

【译文】

孟子说："尧舜，是按照自己本性做事的人；商汤和周武王，是通过自身修养后回归到本性而做事的人。动作容貌没有不合于礼的，是美德的最高境界。为死去的人而悲哀哭泣，并不是做给活人看的。依据道德准则做事而不走邪路，不是为了得到俸禄。说话一定讲信用，不是为了得到方正的名声。君子依据法度做事，（结果怎样）只有等待命运安排了。"

【鉴读】

孔子曾经说："古之学者为己，今之学者为人"。批评了当时的一些学者把学问当做是谋求利禄或者炫耀的资本的不良倾向。学习和修养，根本的目的在于提高自己的素质，如果将其作为追逐名利的手段，则难免误入歧途。

第三十四章

【原文】

孟子曰："说大人，则藐之，勿视其巍巍然。堂高①数仞，榱题②数尺，我得志，弗为也；食前方丈，侍妾数百人，我得志，弗为也；般③乐饮酒，驱骋田猎，后车千乘，我得志，弗为也。在彼者，皆我所不为也；在我者，皆古之制也，吾何畏彼哉？"

【注释】

①堂高：堂阶。

②榱题：屋檐。

③般：大。

【译文】

孟子说："向诸侯游说，就要藐视他，不能看他高高在上的样子。殿堂的基础几丈高、屋檐数尺宽，我如果得志，不这样做。大量食物摆在眼前，侍候的姬妾数百人，我如果得志，也不这样做。饮酒作乐，驱马打猎，后面跟从上千辆车，我如果得志，更不会这样做。他做的那些事，都是我不会做的；我做的事，都是符合古代制度的，我为什么要去怕他呢？"

【鉴读】

孟子是说，士人要积极寻求机会施展自己的抱负，但是不能因此对王公贵族奴颜婢膝。

"指点江山，激扬文字，粪土当年万户侯。""不义而富且贵，于我如浮云。"其实，这也就是曾子所说的："晋楚之富，不可及也。彼以其富，我以吾仁；彼以其爵，我以吾义。吾何慊乎哉？"还有"富贵不能淫，贫贱不能移，威武不能屈"的浩然之气，皆是士人骨气与魂魄的体现。

第三十五章

【原文】

孟子曰："养心莫善于寡欲。其为人也寡欲，虽有不存①焉者，寡矣；其为人也多欲，虽有存焉者，寡矣。"

【注释】

①存：存其本心。

【译文】

孟子说："修养心性的方法没有比节制欲望更好的。一个人做人如果节制欲望，即使善良的本性失去了一些，也不会失去很多；如果欲望强烈，即使具有一些善良的本性，也不太多。"

【鉴读】

孟子提出"寡欲"的修养方法，在承认物欲的合理性的同时，又告诫人们不要耽于物欲的满足，认为精神追求高于物质追求，如果对物质追求关注太多，势必就会降低对精神追求的关注程度，从而不利于自己的道德修养。

外物改变人的本性，感官之欲减损人的善心。所以，欲望太多的人，往往利令智昏，做了欲望的奴隶，其结果是"欲望号街车"不知驶向哪里，失去控制，坠入万劫不复的深渊。因此，修养心性的最好办法就是减少欲望，寡欲清心。也就是老子说的："见素抱朴，少私寡欲。"

第三十六章

【原文】

曾晳嗜羊枣①，而曾子不忍食羊枣。公孙丑问曰："脍炙②与羊枣孰美？"

孟子曰："脍炙哉！"

公孙丑曰："然则曾子何为食脍炙而不食羊枣？"

曰："脍炙所同也，羊枣所独也。讳名不讳姓，姓所同也，名所独也。

【注释】

①羊枣：一种小柿子。
②脍炙：似指头粗细的烤肉。

【译文】

曾子之父曾晳喜欢吃羊枣，因此曾子不忍心吃羊枣。公孙丑问孟子："炒肉末、熏肉与羊枣哪种好吃？"孟子说："炒肉末、熏肉！"公孙丑说："那曾子为什么吃炒肉末和熏肉，却不吃羊枣呢？"孟子说："炒肉末和熏肉是大家都喜欢吃的，羊枣却是个别人喜欢吃的。正如人们避讳尊长的名字却不避讳尊长的姓，因为姓是大家相同的，而名只是个别人所独有的。"

【鉴读】

本章说的还是孝道。孟子赞扬了曾子的孝行，通过曾子因父亲在世时喜欢吃羊枣而自己不再吃这种食物为例，说明孝应该是发自内心的真情实感。

第三十七章

【原文】

万章问曰："孔子在陈曰：'盍归乎来！吾党①之士狂简，进取，不忘其初。'孔子在陈，何思鲁之狂士？"

孟子曰："孔子'不得中道而与之，必也狂狷乎！狂者进取，狷者有所不为也②。'孔子岂不欲中道哉？不可必得，故思其次也。"

"敢问何如斯可谓狂矣？"

曰："如琴张③、曾晳、牧皮者，孔子之所谓狂矣。"

"何以谓之狂也？"

曰："其志嘐嘐④然，曰'古之人，古之人。'夷考其行而不掩焉者也，狂者又不可得，欲得不屑不絜之士而与之，是狷也，是又其次也。孔子曰：'过我门而不入我室，我不憾焉者，其惟乡原⑤乎！乡原，德之贼也。'"

曰："何如斯可谓之乡原矣？"

曰：'何以是叫嘐嘐也？言不顾行，行不顾言，则曰，"古之人，古之人。"行何为踽踽凉凉⑥？生斯世也，为斯世也，善斯可矣。'阉⑦然媚于世也者，是乡原也。"

万子曰："一乡皆称原人焉，无所往而不为原人，孔子以为德之贼，何哉？"

曰："非之无举也，刺之无刺也；同乎流俗，合乎汙世；居之似忠信，行之似廉絜；众皆悦之，自以为是，而不可与入尧舜之道，故曰'德之贼'也。孔子曰：'恶似而非者：恶莠，恐其乱苗也；恶佞，恐其乱义也；恶利口，恐其乱信也；恶郑声⑧，恐其乱乐也；恶紫，恐其乱朱也；恶乡原，恐其乱德也。君子反经⑨而已矣。'经正，则庶民兴；庶民兴，斯无邪慝矣。"

【注释】

①党：乡里。

②不得一句：引自《论语·子路》。

③琴张：孔子的弟子子张。

④嘐嘐：志大言大。

⑤乡原：原：同"愿"。乡人之愿，意指同流合污的媚俗者。

⑥踽踽凉凉：孤独寂寞状。

⑦阉：低三下四。

⑧郑声：郑地乐歌。儒家认为"郑声淫，故极力排斥。

⑨反经：反：同"返"。回归正路。

【译文】

万章问孟子："孔子在陈国时说过：'为何不回去呢？我那些学生志向广大而狂放，进取而不忘当初的志向。'孔子为什么在陈国还去怀念鲁国那些狂放的人呢？"孟子说："孔子说过：'找不到不偏不倚保持中正的人与他交往，就一定会与狂放的人和狷介之士与他交往吧！狂放的人有进取心，狷介的人有的事会不去做。'孔子难道不想与保持中正的人交往吗？不能一定找到，所以只得求次一等的了。"万章说："请问怎样的人才叫做狂放的人呢？"孟子说："像子张、曾皙和牧皮那样的人，就是孔子所说的狂放的人了。"万章又问："为什么他们狂放呢？"孟子说："他们志向远大口气也大，总说什么'古人啊！古人啊'，可是考察他们的实际行为，却与所说的话不相符。如果找不到这种狂放的人，就想找不屑于做肮脏事的人交往，这就是狷介之士，这就又次一等了。孔子说：'经过我家门口却不进我屋里来，我不觉得遗憾的，那只有好好先生了。好好先生是伤害道德的坏人。'"万章说："什么样的人才叫他好好先生呢？"孟子说："（好好先生批评狂放的人）说：'为什么这样志向远大口气也大呢？说话不考虑能否做到，做事不考虑与自己说的话一致，只会说什么"古人啊古人啊。"（又批评狷介之士）说：'为什么这样孤单寂寞呢？活在这个世上，就得做适应这个世界的人，让大家都说好就行了。'像阉人那样四处逢迎，讨好世俗的人，就是好好先生。"万章说："全乡的人都说他是老好人，他无论到哪里都表现出是个老好人，孔子却认为他们伤害了道德，为什么呢？"孟子说："这种人，要指责他举不出什么过错来，要责骂他又没有什么值得责骂的；他们只是与世俗同流合污，似乎平时忠诚老实，行为举止似乎廉洁；大家都很喜欢他们，他们自身也自以为是，但与尧舜之道却格格不入，所以说他们是伤害道德的坏人。孔子说过：'厌恶那些表面相似而实际上完全不同的东西：厌恶狗尾草，因为怕它冒充禾苗；厌恶歪才，因为怕它冒充义理；厌恶夸夸其谈，就是因为怕它扰乱诚信；厌恶郑国的淫靡音乐，是因为怕它破坏雅乐；厌恶紫色，因为怕它混淆了红色；厌恶好好先生，是因为怕他扰乱了美德。君子使事物回归正道就行了。正道不被歪曲，百姓就会奋发振作；百姓奋发振作，那就没有邪恶了。"

【鉴读】

本章通过"狂"、"狷"、"中道"、"乡愿"四种不同人品分析，表明自己对中道之士的赞扬和对乡愿的厌恶。狂者、狷者的毛病都很突出，没有迷惑性，他们也各有可取的一面。好好先生却正好相反，初看什么毛病也没有，很得人心，因而具有极大的迷惑性，实际上却是欺世盗名。所以，孔子说好好先生是道德的贼，对其深恶痛绝。

其实，我们也知道，无论是狂者，狷者，还是好好先生，都不是孟子提出来的，而是孔子分别在《论语》的《公冶长》、《子路》、《阳货》等篇提出来的。不过，通过本章内容，我们可以比较真切地看到孟子师生是如何"祖述仲尼之音"而加以发挥的，本章不仅在内容方面把狂者、狷者和好好先生这几种人集中在一起加以比较，帮助我们更深刻地认识和理解，而且也具有儒家学说史的重要资料价值，值得我们重视。

第三十八章

【原文】

孟子曰："由尧舜至于汤，五百有余岁；若禹、皋陶，则见而知之；

若汤，则闻而知之。由汤至于文王，五百有余岁，若伊尹、莱朱，则见而知之；若文王则闻而知之。由文王至于孔子，五百有余岁，若太公望、散宜生①，则见而知之；若孔子，则闻而知之。由孔子而来至于今，百有余岁，去圣人之世若此其未远也，近圣人之居若此其甚也，然而无有乎尔，则亦无有乎尔。"

【注释】

①散宜生：周文王时的贤臣。

【译文】

孟子说："从尧舜到汤，一共经历五百多年；像禹、皋陶这些人，就是亲眼见到而了解尧舜之道的；像汤，就是只听到尧舜之道而了解的。从汤到文王，经历五百多年，像伊尹、莱朱这些人，就是亲眼见到而了解汤的治国之道的；像文王，就是听到汤的治国之道进而了解的。从文王到孔子，又经历五百多年，像太公望、散宜生这些人，就是亲眼见到而了解文王的治国之道的；像孔子，就是只听到文王的治国之道的。从孔子一直到现在，只经历一百多年，离圣人的时代是这样的近，距圣人的家乡也是这样的近，但却没有继承圣人事业的人，怕是以后也就没有继承圣人事业的人了。"

【鉴读】

这是《孟子》全书收尾的一章，编《孟子》的人把这一章编在这里，是很有深意的。

一方面，本章从"五百年必有王者兴，其间必有名世者"(《公孙丑下》)的观点出发，历述过去时代那些具有里程碑性质的圣贤，形成了一个世代相传的"道统"。另一方面，孟子感叹孔子以来没有众望所归的继承者，对圣人的事业、圣贤的道统将会中断流露了深深的忧虑。孟子在对前代圣贤深深敬仰的同时，也表达了自己决心继承圣贤志愿，以天下为己任的决心和信心。这一章既是卒章显志，总结全书，也是对孟子及其一生思想的总结。

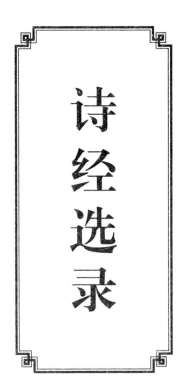

诗经选录

〔国风〕

周 南

关 雎①

关关②雎鸠③，在河④之洲⑤；窈窕淑女⑥，君子⑦好逑⑧。

参差⑨荇⑩菜，左右流⑪之；窈窕淑女，寤寐⑫求之，求之不得，寤寐思服⑬；悠哉悠⑭哉，辗转反侧⑮。

参差荇菜，左右采之；窈窕淑女，琴瑟友之。参差荇菜，左右芼⑯之；窈窕淑女，钟鼓乐之。

【注释】

①关雎（jū）：篇名，诗经每篇都用第一句里的几个字作篇名。

②关关：鸟叫声，是雌雄鸟和鸣的拟声语。

③雎鸠：一种水鸟，即鱼鹰。

④河：指黄河；诗经中凡是提到河的地方都指黄河。

⑤洲：水中可居住的陆地。

⑥窈窕淑女：窈窕，相貌美好。淑，品德美好。

⑦君子：指德才兼备的男子，诗经中妇人称她的丈夫有时也称君子。

⑧逑：配偶。

⑨参差：长短不齐。

⑩荇（xìng）：一种水生植物，又名接余，根生水底，茎如钗股，上青下白，叶呈紫红色，叶圆径约一寸多，浮在水面上，是可以采来做菜蔬吃的。

⑪流：求，就是顺水之流去采取的意思。

⑫寤寐：寤是睡醒，寐是睡着；这是用两个反义字组成的词，而只取"寐"一义，意思是说："他连在梦中都在想念她"；也可照字面解释成"不论是醒来或在梦中，都在想念她"。

⑬思服：思念。

⑭悠：形容思念深长。

⑮辗转反侧：形容夜里睡不着觉，身体在床上翻来覆去。

⑯芼（mào）：拣选。

【赏析】

这是一首情感自然流露的恋歌，写一个男子思慕一个"窈窕淑女"，并设法去追求她，终至成婚。

诗分四章。首章四句以河洲上雌雄和鸣的鱼鹰起兴，引出淑女宜配君子的诗句来。相传雎鸠这种水鸟，雌雄的情意专一，感情深浓。若其中之一死亡，另一也就不食不饮，忧思憔悴而死，极笃于伉俪之情。所以诗人见河洲上一对对的雎鸠关关和鸣，就联想起：似我这般高贵优雅的君子，该有个美丽文静而贤惠的淑女做我的好配偶才是，奈何我至今仍然独自一人呢？

二章八句，先以求取荇菜起兴，因而联想到淑女的追求也不易，然后铺陈追求淑女未能达到目的时的苦闷心情：诗人驾着一叶扁舟，顺着水流而行，一会儿在船的左边，一会儿在船的右边，去寻求择取那长短不齐的荇菜，是如此的顺当而随心所欲啊！然而对于那美丽贤惠的淑女，虽然梦寐不忘地追求着，可是为什么那么难求呢？当追求不到时，就连在睡梦中都在想念着她，无垠无涯的相思之海呀！多么漫长的夜啊！躺在床上翻来覆去，根本就无法入寐直到天亮。

三四两章八句，仍以"参差荇菜"起兴，采取歌谣中常见的往复重沓的手法，主题一再地重复，成为诗中的风格。君子弹琴奏瑟来亲近淑女，使她欢娱，君子淑女终得成婚；更以钟鼓和鸣，描绘出君子淑女结合后的美满和浓情蜜意。

诗中君子追求淑女，终成佳偶的经过，庄重中带有幽默，音调柔美，更有份浪漫的美感，像一副浪漫的山水画。

葛覃

葛之覃兮①，施于中谷②，维叶萋萋③。黄鸟于飞④，集于灌木⑤，其鸣喈喈⑥。

葛之覃兮，施于中谷，维叶莫莫⑦。是刈是濩⑧，为缔为绤⑨，服之无斁⑩。

言告师氏⑪，言告言归⑫，薄污我私⑬，薄浣我衣⑭；害浣害否⑮？归宁父母。

【注释】

①葛之覃兮：葛，多年生草，茎细长蔓生，根可做药。

②施于中谷：施（yì），拖拖拉拉地生长。

③维叶萋萋：维，通"其"字。萋萋，茂盛的样子。

④于飞：即"正在飞"。

⑤灌木：密集生长的树木。

⑥喈喈（jié）：鸟叫声。

⑦莫莫：茂密的样子。

⑧是刈是濩：是，于是。刈，割。濩，煮。

⑨为绤为绤：绤，细的葛布。绤，粗的葛布。

⑩致（yì）：厌恶。

⑪言告师氏：言，关联词，有"乃"、"则"的作用。师氏，现在说的保姆。

⑫归：归宁，回娘家省视父母。

⑬薄污我私：污，洗。私，指内衣。

⑭薄浣我衣：浣，洗濯。衣，礼服。

⑮害浣害否：害，为何。否，不的意思。

【赏析】

全诗共分三章，写出嫁的少妇准备回娘家省视父母时的情绪，用的是直接叙述事物的手法。

首章写景，明晰简洁。少妇在夫家采葛时，见那葛草蔓生，延移到谷中，葛叶长得那么地茂盛，黄鹂群群对对地飞集在树丛之上，发出和谐的歌声，就像少妇婚后快活的心情一样。前三句写葛，后三句写鸟，萋萋的颜色与喈喈的声音融合一片，真是一幅天然的风景画。

次章写少妇勤劳俭朴，采葛制为绤绤。葛既蔓延于山谷之中，葛叶又那么地茂密，于是割来煮了，制成精细的或粗厚的各种葛布，穿起来永不厌腻，多么的称心畅快。

末章写绤绤已经做成，告诉保姆，将回娘家省视父母亲，要叫人把衣服洗洗，准备穿得干干净净地向父母问安，满怀幸福，洋溢在文辞之间。

国风里的诗，大都甚短，往往只有两三章，又和民歌相同，一句复唱词往往在全诗里一再地重复，语言的反复不但使意象鲜明，韵律也更和谐，本诗正是如此。

本诗结构严谨，先写景，后叙事，情寄景中，感情温厚而活泼。

卷 耳

采采①卷耳，不盈顷筐②；嗟我怀人，寘彼周行③。
陟彼崔嵬④，我马虺隤⑤；我姑酌彼金罍⑥，维以不永怀⑦。
陟彼高冈⑧，我马玄黄；我姑酌彼兕觥⑨，维以不永伤。
陟彼砠⑩矣，我马瘏⑪矣，我仆痡⑫矣，云何吁⑬矣！

【注释】

①采采：采了又采。形容卷耳长得很茂盛。

②不盈顷筐：盈，满。顷筐，是一种斜口的筐子。

③寘彼周行（háng）：寘，放下；彼，指筐子；周行，大路。

④陟彼崔嵬：陟，登。崔嵬，高山。

⑤虺隤（huǐ tuí）：与下文的"玄黄"都是有病的通称，指疲惫的样子。

⑥姑酌彼金罍：姑，姑且；酌，倒酒喝；罍（léi），酒器。

⑦维以不永怀：只有借此（饮酒）才能使我忘怀一切，免得长久的想念他。

⑧冈：山脊。

⑨兕觥（sì góng）：是用野牛角作的酒杯。

⑩砠：土石参杂的山。

⑪瘏：马病不能进。

⑫痡：人病不能行。

⑬吁：忧愁。

【赏析】

本诗在国风中算是句法极富于变化，造境美妙的诗篇。诗写一个采卷耳的妇女思念她远行在外的丈夫：提着斜口筐子的妇人，出门采卷耳，采了半天，没有采满一个浅浅的筐子，望着这条连络东方诸侯的东西大干道远眺出神，勾起思念丈夫的情感，不能复采，就将筐子搁在大道旁。这是征夫远行，披星戴月的大路，路的尽头有远人的精魂，盼望借着卷耳，排遣寂寞孤独，和远征的丈夫有所感应：诗人以为相爱者之间必然可依某种象征的行为取得共感，就是李商隐的《无题》诗"心有灵犀一点通"啊！

"卷耳"非一般选咏形式的诗，章法深富变化，首章四言四句，二三章则变为五言句六言句，末章的四言句，取首章的沉静作结。诗中"崔嵬"和"虺隤"，"高冈"和"玄黄"，韵则叠韵，音则双声，变化之中有律动谐调之美，民谣的造境至此，大抵臻于顶峰了。尤其"崔嵬"本是叠韵形容词，而当名词用，用法非常巧妙。

桃 夭

桃之夭夭①，灼灼②其华③；之子④于归⑤，宜其室家⑥。
桃之夭夭，有蕡⑦其实⑧；之子于归，宜其家室。
桃之夭夭，其叶蓁蓁⑨；之子于归，宜其家人。

【注释】

①夭夭：指桃树的年轻、娇美。

②灼灼：色彩鲜明的样子。

③华：通花。

④之子：这位姑娘。

⑤于归：指出嫁。

⑥宜其室家：宜，和顺，即相处融洽；室家，古时男以女为室，女以男为家，室家即由男女结合建立的家庭。

⑦有蕡：有，状物词，加于形容词或副词上构成的意义，等于形容词或副词下加"然"字一样。蕡（fén），果实大且多的样子。

⑧实：果实。

⑨蓁蓁（zhēn）：树叶繁盛的样子。

【赏析】

这是一篇祝贺女子出嫁的轻快活泼的短诗，诗人热情地赞美新娘，并祝她婚后生活幸福。

桃花的颜色最艳，诗人以盛开的桃花比喻年轻貌美的少女，诗篇的口吻愉快，诗意动人，使意象具体而鲜明。既可想象她身材匀称丰硕的风华，并借"宜其室家"见其娴静淑慧，实开千古词赋借花咏美人之先。《诗经》时代，桃树和婚姻究竟有着怎样的关联，我们不得而知，不过桃自古以来就是咒性植物倒是可见的，祭司咒杖用桃木，道士驱鬼除魔的仪式也用桃木削制的剑。所以桃除花美之外，最必要的条件还是由于桃树具有咒性灵力，故（桃夭）取这种美艳吉祥的花为祝颂的构思动机，意味是隽永深长的。而歌咏不限于华，而连实带叶，是为押韵的缘故。

诗分三章，每章四句。每章以首两句象征下二句所叙述的少女，上下表面看起来不相关，其实一线相牵而涵盖的意象繁复多层，意味无穷。诗人由桃起兴，唱着：桃树长得那么茂盛嫩青，它的花儿又那样绚丽鲜艳，正是春暖花开的时节，这个貌美如桃花的姑娘要出嫁了，嫁到婆家，要和他建立一个美满的好家庭。

接着诗人以同样的语言，塑造相同的意象，反复吟咏，惟在篇章之中略为改变用字，使全诗不至于呆滞；字句又整齐，韵律也很匀称。

汉 广

南①有乔木②，不可休思③。汉④有游女⑤，不可求思。汉之广矣，不可泳思。江之永矣，不可方⑥思。

翘翘错薪⑦，言刈其楚。之子于归，言秣其马。汉之广矣，不可泳思。江之永矣，不可方思。

翘翘错薪，言刈其蒌⑧；之子于归，言秣其驹⑨。汉之广矣，不可泳思；江之永矣，不可方思。

【注释】

①南：指南方。

②乔木：高耸无枝而少荫的树。

③息：语助词，通"思"。

④汉：即汉水，长江支流。

⑤游女：外出游览散步的女子。

⑥方：用竹或木编成筏用来渡水叫方。

⑦翘翘错薪：翘翘，众多的样子。错，杂乱的。

⑧蒌（lóu）：芦苇一类的草，生在水泽中，青白色。

⑨驹：小马。

【赏析】

"汉广"的诗意，历来的解释有多种，分歧之处就在对游女的解释的差异：鲁、韩两家解此诗的"汉有神女"，都认为是指汉水上的女神，韩诗记载从前有位郑交甫在汉水滨邂逅二位神女的故事，采取仙女传说的体裁，大概汉水女神时常出游是出自古代的民间传说，曹魏时代七步成诗的天才诗人曹植，有《洛神赋》一篇，写子忧郁神伤，恍惚混沌间会见洛水女神，故作赋来纪念。人在失意落魄之极，时常会托之梦幻的美丽世界，伴以凄怨悱恻的哀歌，此亦是郑交甫邂逅神女的古代故事背景，而这段有名的传说竟不知不觉地和"汉广"结合起来，但以此解释理由似嫌未完足。

全诗共分三章。首章先后用不能在乔木下休息，和不能渡过宽广绵长的江水做比喻，以乔木象征游女的高洁不可仰攀，以其无枝少荫，象征她的不假词色；又以广阔的汉水，绵延的长江比喻她的不可接近和追踪不及。次章、三章迭咏写男子对所爱的女子"悦之至"而"敬之深"，盼望娶到她，即使是为她割楚割饲马做仆役，也是心甘情愿的，而最终是可望而不可及，所以仍反复地用"汉之广矣"四句咏叹依依作别，以表示内心无可奈何的情绪。全诗各章章末反复唱诵男子追踪不及，空留下缥缈的缠绵慕情，意味隽永，余韵绕梁，是写男子单恋情感的典型作品。

汝 坟

遵①彼汝坟②，伐③其条枚④，未见君子⑤，惄⑥如调⑦饥。

遵彼汝坟，伐其条肄⑧，既见君子，不我遐弃⑨。

鲂鱼赪尾^⑩，王室^⑪如毁^⑫；虽则如燬，父母孔迩^⑬。

【注释】

①遵：循着、沿着。

②汝坟：汝，汝水。坟，指汝水的河岸、河堤。

③伐：砍的意思。

④条枚：树枝是条，树干是枚。

⑤君子：指丈夫。

⑥惄（nì）：急切地思念。

⑦调：早晨。

⑧肄（yì）：砍断树干之后再生出嫩枝。

⑨不我遐弃：不遐弃我、不远弃我。

⑩鲂鱼赪尾：鲂（fáng），鱼名，细鳞，红尾，即鳊鱼。赪，红色。

⑪王室：周朝。

⑫如毁：如烈火在烧的样子，形容极端的混乱与痛苦。

⑬孔迩：孔，很；迩，近。说王室虽然如毁，但父母甚近，应该留恋。

【赏析】

《关雎》等诗，都选自《周南》。南是南方之国；周南，王朝所直辖的南方之国。《史记》称太史公滞留周南，挚虞说就是洛阳，而周南的诗有：《关雎》的"在河（黄河）之洲"、《汉广》的"汉（汉水）之广"和"江（长河）之永"，以及《汝坟》的"遵彼汝（汝水）坟"等语，证实周南的方域约北到黄河，南到汝水、汉水、长江流域以北，即河南省黄河以南偏西的地方。

本诗写妇人为丈夫行役归来时的欣喜之情。首章叙述妻子在汝水之堤采薪，想起在远方从军的丈夫，那种思望之情，犹如忍受长夜的饥饿后不吃早餐，用"惄如调饥"一句来具体比喻抽象。次章便在采薪的地方唱歌，高兴地看到丈夫回来了，见面时的高兴心情。最后一章，以"鲂鱼赪尾"不同类的现象作比喻，说周王室的混乱，正如烈火焚烧一般，父母在旁边，只好守着父母，家人生活在一块。忍耐这水深火热的苦日子。这显然是东周衰世丧辞之诗，但郑氏却将以之入"正诗"之列，正变之说难道合理吗？

召 南

鹊 巢

维鹊①有巢，维鸠②居之；之子于归，百两③御④之。
维鹊有巢，维鸠方⑤之；之子于归，百两将⑥之。
维鹊有巢，维鸠盈⑦之；之子于归，百两成⑧之。

【注释】

①鹊：鸟名，尾巴长，形状像乌鸦，善筑巢，巢最完固。
②鸠：八哥，鹊每年十月后迁巢，其空巢则由八哥占领。
③两：即辆，车辆的意思。
④御：迎接。
⑤方：依靠的意思。
⑥将：送。
⑦盈：满、占满。
⑧成：礼的意思。

【赏析】

全诗以"鸠占鹊巢"兴起"之子于归"，而争论最多的也正是此处。姚际恒《诗经通论》以为旧说鸠性拙，不能作巢，遂至占鹊巢而居。意在批驳"鹊巢鸠占以兴女居男家"的旧说，他解释说："按此诗之意，其言鹊鸠者，以鸟之异类况人之异类也。其言巢与居者，以鸠之居鹊巢况女之居男室，其义止此。"以此批方玉润的《诗经原始》，又说："以鸟之异类，况人之异类，男女纵不同体，而谓之异类可乎哉？此不通之论也。"

从诗中"御"、"将"、"成"俱用百辆车，婚礼的盛大可以知道，"之子"非普通百姓。故本诗实为贵族嫁女时的颂赞之歌，意象简洁鲜明，韵律悠美，婚礼中反复吟咏，一片喜气洋洋。

草 虫

　　喓喓^①草虫^②，趯趯^③阜螽^④。未见君子，忧心忡忡^⑤。亦既见止，亦既觏止^⑥，我心则降^⑦。

　　陟彼南山，言采其蕨^⑧；未见君子，忧心惙惙^⑨；亦既见止，亦既觏止，我心则说^⑩。

　　陟彼南山，言采其薇^⑪；未见君子，我心伤悲；亦既见止，亦既觏止，我心则夷^⑫。

【注释】

①喓喓（yáo）：昆虫的叫声。

②草虫：蝗虫类。

③趯趯（tì）：跳跃的样子。

④阜螽：尚未长出翅膀的幼蝗。

⑤忡忡：忧郁，忧愁的心激动着。

⑥亦既觏止：亦，假若；觏，遇见；止，语助词。

⑦我心则降：我放下心。

⑧蕨（jué）：羊齿类植物，嫩叶可以吃。

⑨惙惙：连续不断、忧愁不解的样子。

⑩说：高兴、喜欢。

⑪薇：野豌豆苗。

⑫夷：放心。

【赏析】

　　草虫鸣跃原是君子祝颂诗的表达手法，蝗虫群飞的歌，原来是祈祷子孙繁荣的咒词性构思。"草虫"诗的表现，思慕多于祝颂，"未见君子"是恋爱诗的词句，因未见而忧伤，又因"亦既觏止"而"心降"、"心说"、"心夷"。可见民谣世界有"未见君子"模式的自由变化，显示出感情的奔放。

　　良人从军出征，妻子独守空闺，夜正阑珊，此时该是夫妻温存厮守的时刻，怎奈闺房清寂凄冷，但听到草虫，阜螽趯趯，夜更深更静，怎么度过呢？只有作诗来抒发感情。

《毛语序》以为《草虫》之诗是"以嫁时在途言之。夫方嫁在途之女，而即以未见、既见君子为忧、喜"，欧阳修则以为"召南之大夫出而行役，其妻所咏"，《小雅·出车》也有"喓喓草虫"六句，是妻子念南仲行役之意，十分正确。

次章承续首章，登南山远眺丈夫出征的地方，加强妇人的怀念之情，三章又是二章的反复。诗中善拟声拟态，善写心理，赋和兴的交替运用，使得思夫的闺妇忧喜之情，跃然纸上。

行 露

厌浥行露①，岂不夙夜②，谓行多露③。

谁谓雀无角④，何以穿⑤我屋？谁谓女无家⑥，何以速⑦我狱？虽速我狱，室家不足⑧！

谁谓鼠无牙，何以穿我墉⑨？谁谓女无家，何以速我讼？虽速我讼，亦不女从！

【注释】

①厌浥行露：幽湿的意思；行露，指道路上的露水。

②岂不夙夜：夙夜，指夜色尚早的时候；此句大意是说"我难道不想早点儿连夜赶路"。

③谓行多露：谓通畏，大意是"怕路上露水太多"。

④角：古人鸟嘴兽角均称角，因此雀角指雀嘴。

⑤穿：破坏，雀嘴强硬，所以能破坏人的房屋。

⑥女无家：女即"汝"字。家，有恶势力的人家。

⑦速：招致。

⑧室家不足：室家，即成婚为夫妇；不足即办不到。大意是"想要我同你成为夫妇是办不到的"。

⑨墉：房墙。

【赏析】

诗的首章，就以女子早夜独行，或有恶人强暴欺凌的幻觉，道路露水多，怕沾湿而不敢在夜里独行。

第二章诗人用非常坚决的口气，写出女子严厉地拒绝可恶男子的威胁。以雀之角、鼠之牙，比喻强迫者的恶势力。以恶人之"家"字，比喻雀之角、鼠之牙，雀恃角而穿人之屋，鼠恃牙而穿人之墉，就好像恶人恃"家"而逼人之婚（从"穿我屋"、"穿我墉"的描绘看来，这个女子很像是受过这个恶人的非礼或欺凌），因此，细细玩味"家"字的意思，必然是代表"恶势力"，很显然的是这个女子根本就憎恶这个恶势力的男人，所以即使因此而吃上官司，也不可能同这恶人成婚，其意并不在乎媒聘的有无。

第三章的手法，题材、主旨都和第二章一样，只是增强"就算让我吃上官司，我也绝不依从你"的坚决态度，紧扣第二章的主题。

全诗刻画男子的蛮横可恶，女子的坚毅不屈，两者成为强烈的对比，节奏紧凑，语调铿锵，加上三个比喻，化强硬的答辩词为一篇完全动人的诗篇。句子的组织大都依常法，只是最后一句"亦不女从"，将受词"女"字移到动词"从"和否定副词"不"之间，使诗句稍作变化，《诗经》有很多此类句法。

殷 其 雷

殷其雷①，在南山之阳②；何斯违斯③，莫敢或遑④？振振⑤君子，归哉归哉！

殷其雷，在南山之侧；何斯违斯，莫敢遑息⑥？振振君子？归哉归哉！

殷其雷，在南山之下；何斯违斯，莫或遑处⑦？振振君子？归哉归哉！

【注释】

①殷其雷：殷其，雷声隆隆作响的样子。
②阳：山之南、水之北叫做阳。
③何斯违斯：斯，这人，下斯字是这地方；违，离去。
④或遑：休暇怠惰的意思。
⑤振振：忠厚。

⑥息：停止。

⑦处：居处。

【赏析】

这是妇人怀念征夫，祈念他早日归来的诗。

雷声隆隆，响声来自南山之阳，为什么你离家这么久，就没有休假回家的时间呢？忠厚的丈夫啊！回来吧！回来吧！回到我的身旁，我正痴痴地等待——独守空闺的妻子，用单调的音律反复低吟着。

各章所咏大致相同，除了各章第二句末字，第四句末两字稍作变化外，内容都一样，都以南山附近雷声隆隆，而且响处不定，或在南山之阳，或在南山之侧，或在南山之下，象征丈夫为公事而没有时间回家，由此兴起企盼丈夫回家之情，但又知道丈夫目前还不能回来，所以不敢决辞，只能"归哉归哉"如梦般地，喃喃吟着诗、低着头。

本诗是"兴"的手法运用，而且各章前两句都用三言，五言，可见句法的多变。《诗经》的形式，可以说是极自然而不受束缚的，就以章句来说，句法大多以四言为主，但长短可以互换，由一言至八九言都有。若意思已明了，即使用一言也不为过；如果还未表达其意，就是用九言，也不能说它长。

《诗经》短以取动，长以取妍，疏密错综为文章最妙的境界。篇章的长短多少也是不固定的，少的一篇二章，多的也不过十六章。章短的二句，多的达三十八句，与后世的诗不可同日而言。

摽 有 梅

摽①有②梅，其实七兮；求我庶③士，迨④其吉⑤兮！
摽有梅，其实三兮；求我庶士，迨其今⑥兮！
摽有梅，顷筐塈⑦之；求我庶士，迨其谓⑧之！

【注释】

①摽（biào）：落。

②有：语助词。

③庶：众，这里指男子。

④迨（dài）：及、趁着。

⑤吉：善、好日子。

⑥今：今日良辰。

⑦墍：取。

⑧谓：告诉。

【赏析】

这是描写一位迟婚的女子，感于青春易逝，而急于求士的心情。青春是可贵的，男大当婚，女大当嫁，男女过了适婚年龄而不婚嫁，不是人之常情。诗人率直地表露了逾龄未嫁女子内心的呼声。

本诗以赋的手法，描述梅的成熟，暗喻自己已成年，可以论嫁娶，待嫁的心理表露无遗。第一章说梅子黄熟，应该及时采摘，现在梅子已经熟透三分，树上还有七成的果子，有意向我求婚的各位男士们，要趁着这个吉日良辰啊！第二章说树上梅子只留三成了，有意向我求婚的男士们，追求要趁着今日良辰才应该。第三章说梅子已经完全成熟落地，不必爬上树采，拿到筐里就行了，有意向我求婚的男士们，不准备礼品也没关系，只要前来相会，开口求婚，我就答应了。曲曲道来，层层进展，妙趣自生。且篇中赋比兼用，梅结实既比喻时间成熟，又暗示自己怀春，意象丰富。

每章首句兼用三言，二句、四句换字以求变化，使全诗在平直中有曲折，单调中寓变化，有迭咏韵律之美，细加吟咏，韵味非常明显。

小 星

嘒彼①小星，三五在东；肃肃②宵征③，夙夜在公，寔④命不同。

嘒彼小星，维参⑤与昴⑥，肃肃宵征，抱衾⑦与裯⑧，寔命不犹⑨。

【注释】

①嘒（huì）：微明的样子。

②肃肃：疾速的样子。

③征：行。

④寔：是的意思。

⑤参：参星，二十八星宿之一。

⑥昴（mǎo）：昴星，二十八星宿之一。

⑦裯：大被。

⑧裯：单被。

⑨犹：如，不犹就是不如。

【赏析】

根据《毛诗序》的说法，此诗是君主的小妾感叹其命薄的歌，据此，后之人就以小星比做妾。

"小星，惠及下也。夫人无妒忌之行，惠及贱妾，进御于君，知命有贵贱，能尽其心矣！"

朦胧闪烁的星光表示地位的微贱，连居室也没有，夜里抱着被褥出入宫中，虽然正夫人毫不妒忌她，也给她侍奉君主的机会，但是地位身份的不同，也只有独自叹咏着"寔命不犹"了。

朱熹《诗集传》也采取这种以小星写小妾的说法，认为是"兴"体。这种说法的根据是"抱衾与裯"一句，而给人深深疑惑的也正是此句：难道君主没有被褥，一定要众妾各自抱着"衾与裯"进寝宫去侍奉君主吗？《韩诗外传》以为是劳于仕宦者所作，姚际恒《诗经通论》更引章俊卿的说法，以为是"小臣行役之作"，似乎较为合理。

全诗两章的含义都相同，用的是直叙的"赋体"，语简而意深。首两句既写景又写时，"微明小星，三三五五地出现在东方"，含蕴寂静凄清的韵味，与"肃肃"的声调，"宵征"的气氛相配，于是酝酿成一股"小官吏赶夜路"的幽怨不平，所以必须连夜急速赶路，必须早晚都忙于公务，是命的不同，大小臣工的分工不一样，朝野劳逸的悬殊啊！既然是"寔命不同"、"寔命不犹"，也只有嗟嗟地反复咏叹了。

江有汜

江有汜①，之子归，不我以②。不我以，其后也悔③。

江有渚④，之子归，不我与⑤。不我与，其后也处⑥。

江有沱⑦，之子归，不我过⑧。不我过，其啸也歌⑨。

【注释】

①汜：从主流分出而又归入主流的河川。

②以：与、共。

③其后也悔：将来总会后悔的。其：将来。

④渚：水中的小岛。

⑤与：共，有"相好"的意思。

⑥处：共处的意思，但依全诗的结构、语意，这个字应有"痛苦"的意思。

⑦沱：江水的支流，江湾水汇处叫做"沱"。

⑧过：交往的意思。

⑨其啸也歌：啸是唱歌没有谱和调的意思；其啸也歌的大意是"惟有吼着唱歌"，有"狂歌当哭"的含意。

【赏析】

这是一首弃妇诗。从诗中写到的"江"、"沱"看来，产地是在召（在岐山，周初召公的采邑）的南部、古梁州境内长江上游的沱江一带。女主可能是一位商人妇。那商人离开江沱返回家乡时将她遗弃了。她满怀哀怨，唱出了这首悲歌，诗中的"之子"，是古代妻妾对丈夫的一种称呼。

三章诗的开头都是写景。"汜"、"渚"、"沱"，上面的译文都从支流这一意义上翻译，而在弃妇心目中，这一条条不同的支流都是看得见的具体存在。她住在"汜"、"渚"、"沱"一带，她丈夫当年从水路而来，最后又从这些支流中的一条乘坐小船悄然离去。从表现手法说，各章的首句都是直陈其事，用的是赋体；从江水有支流，引出"之子归"的事实，则在赋体之中又兼有比兴的意味。

诗中的丈夫是一位薄情郎。在三章诗中，那弃妇分别用"不我以"、"不我与"、"不我过"来诉说丈夫对她的薄情。"不我以"，是不一道回去；"不我与"，是行前不和"我"在一起；"不我过"，是有意回避，干脆不露面。丈夫在感情上是如此吝啬，做的是那样地恩尽义绝，无需再添加笔墨，其薄情薄意已如画出。

野有死麇

野①有死麇②，白茅③包之；有女怀春④，吉士⑤诱之。
林有朴樕⑥，野有死鹿；白茅纯束⑦，有女如玉。
舒⑧而脱脱⑨兮，无感⑩我帨⑪兮，无使尨也吠。

【注释】

①野：古时城墙之外叫做郊，郊外叫做林，林外叫做野，就是现在所说的野外。

②麇（jún）：鹿类，一种叫獐的动物。

③白茅：多年生草，高一二尺，叶细长而尖，春天先发叶后开花，簇生茎顶，大概二寸长。男射死獐后，用白茅包裹，可作聘礼用。

④怀春：怀，思；怀春，即思春，是正当青春而有所怀思的意思。

⑤吉士：男子的美称，也可解释为美男子。

⑥朴樕：小树。

⑦纯束：纯束二字同义，包裹的意思。

⑧舒：慢慢、缓缓的意思。

⑨脱脱：迟缓。

⑩感；撼、动。

⑪帨：妇女把巾系在腰间，垂过膝盖，用来遮蔽前面的佩巾，有现在围裙的作用。

【赏析】

这是青年男女约会时互诉衷肠的作品，也是二南中惟独的一首。

诗的开头二章，写男士打猎，用猎获的獐和鹿为礼，结识了漂亮的姑娘。表面看来似乎是直述其事的"赋体"，其实，除了实景的描绘之外，它也暗示：正如獐、鹿，可以猎了用白茅去包裹一样，姑娘怀春，也是男士们感情狩猎的对象，所以美男子都该去追求她，因此又是"兴体"。

第三章三句，写女子心理，开始以白描的手法，最为传神。既暗示男士去追求她，欣赏她如玉的美色，等到人家追她时，却又婉拒他的亲近，表示自己的情怯。表情既直率，又婉约曲折，既要求享受青春的快乐时光，却又摆出戒慎恐惧的样子。语句虽然含蓄，意义则很鲜明。

何彼襛矣

何彼襛①矣？唐棣②之华？曷不③肃雍④？王姬之车⑤。
何彼襛矣？华如桃李。平王之孙，齐侯之子⑥。
其钓⑦维何？维丝伊缗⑧；齐侯之子，平王之孙。

【注释】

①襛（nóng）：花盛开时美丽的样子。
②唐棣：树名，花白色。
③曷不：岂不是。
④肃雍：指车上的铃声谐和而悦耳。肃，敬；
⑤王姬之车：王姬，周王的女儿。
⑥平王之孙，齐侯之子：平王的孙女嫁给齐侯的儿子。
⑦钓：钓丝。
⑧维丝伊缗：由多端丝线撮合而成的丝绳。

【赏析】

这是结婚时的祝颂歌谣，由章末的"平生之孙，齐侯之子"看，知道是祝贺周齐联婚之诗。

本文和《桃夭》一样，都以花来象征美丽的新娘子，而且用的都是桃花。桃花的吉祥美艳，在古代社会里大概是新娘的象征吧！诗的首章就以襛丽美艳的唐棣花象征王姬。花开令人注意，王姬的车更是万人瞩目，是《礼记》所说的"鸾和之美，肃肃雍雍"，正是"肃雍"二字，这两个字是形容鸾和之美。鸾与和，都是王姬喜车上之铃，鸾在衡（车辕端横木），和在轼（车前横木），都以金属为铃，车一走动，铃声响起，谐和而悦耳，象征王姬身份的尊贵。

次章直接以花比做人，既以花象征人，又形容她襛盛如桃李之花，并点明她的身份。三章以丝的组结象征男女结合成夫妇，而且兴起两人婚后情意的缠绵如线成一体，意象非常鲜明。

章与章之间的变化较多，而且运用了韵的变换，使韵律格外生动。

驺 虞

彼茁①者葭②，壹发③五豝④。于嗟⑤乎驺虞⑥！
彼茁者蓬⑦，壹发五豵。于嗟乎驺虞！

【注释】

①茁：草初生时旺盛的样子。
②葭：芦苇。
③壹发：发一次箭。
④豝（bā）：母猪。
⑤于嗟：欢乐美妙的声音。
⑥驺虞：古时掌管鸟兽、猎场的官。
⑦蓬：草名，叶子和柳叶相近，有锯齿。

【赏析】

驺虞诗以赋体，写芦苇草初生而旺盛的景况，从这可以看出春猎的开始，这种以自然界的生长来表示时间的手法，不但《诗经》中常见，也经常为后来的诗人经常用到。说明时间之后，立即切入猎场。接着的"壹发五豝"是全诗的核心，由此可见猎手高超的技艺、猎场的富裕与国家的昌盛，然后才是对驺虞的叹服。

这首诗的最大特色是语言的浓缩与意象、韵律的多变，使两章迭咏的单调感消失无踪。

邶 风

柏 舟

泛①彼柏舟，亦泛其流。耿耿②不寐，如有隐忧③。微④我无酒，以敖⑤以游。

我心匪鉴⑥，不可以茹⑦；亦有兄弟，不可以据⑧。薄言往愬⑨，逢彼之怒。

我心匪石，不可转也；我心匪席，不可卷⑩也。威仪棣棣⑪，不可选⑫也。

忧心悄悄⑬，愠于群小⑭。觏闵⑮既多，受侮不少，静⑯言思之，寤辟⑰有摽⑰。

日居月诸⑱，胡迭⑲而微，心之忧矣，如匪浣衣。静言思之，不能奋飞。

【注释】

①泛：飘浮在水上。

②耿耿：形容心情的忧烦焦灼。

③如有隐忧：如，而的意思；隐忧，忧虑。

④微：与"非"同义。

⑤敖：通"遨"，出游的意思。

⑥匪鉴：匪同"非"；鉴，镜子。

⑦茹：度。

⑧据：依靠，倚赖。

⑨薄言往愬：薄是发语词，此处有"勉强"、"不得不"或"迫不得已"的意思；言是关连词，有"而"的作用；愬（sù），诉苦的意思。

⑩卷：卷起来，这里指委曲求全。

⑪威仪棣棣：威仪，礼节的态度和举动；棣棣，完备而熟练的样子。整句大意是"我的举动很完美"。

⑫选：与"算"同义。

⑬悄悄：忧闷的样子。

⑭愠于群小：愠，怒；自己被一群小孩所怒。

⑮觏闵：觏同"遘"，遇到；闵通愍，痛心。

⑯静：仔细地。

⑰寤辟有摽：寤指不能入睡；辟，用手拊心；摽，用手捶击：意思是审思此事，不能入睡，以手拊心，到达捶击的地步。

⑱日居月诸：居、诸都是语尾助词。

⑲迭：更替。

【赏析】

《柏舟》是邶风的首篇，赋、比兼用。

本诗是一首女子自伤不遇其夫，而又苦于无可告解的怨诗，在《诗经》中是有名的抒情诗篇。

首章诗人以水中飘荡的木舟起兴，比喻妇人的无所依归。诗人的遇人不淑，坚贞自守，以致夜夜失眠，耿耿原是形容火光闪烁的状词，此处则借以形容内心的烦忧焦灼，时时紧张不安而失眠。失眠时躺在床上，感觉身体好像柏舟漂浮在水面上。后四句都合二句为一意，描写她内心的忧痛，而她也曾想借酒消愁，但这忧痛又非饮酒遨游所能解的。

次章说她不能入睡的缘由，诗中女子委屈的心情表露无遗，"我心匪鉴，不可以茹"二句，明知兄弟之不可倚赖，迫不得已只好勉强去向他诉苦。兄弟不但不同情她，反而白眼相加；把这女子的孤独感推到极峰，更加深了前章那种内心烦忧焦灼的意象浓度。

三章的前四句连用二个意象排比，用来比喻自己坚贞不渝的志向，后二句急转表现自己"完美的风度，优点很多，不弱于人"，气势澎湃，节奏紧促，感情冲击达到顶点：我的心不像石可转，席可卷，决心胜于任何坚决的宣誓。

四章五章由前三章强烈的冲击下，回缓到无可奈何，虽为群小所不容，却只能自怨自艾。每当到夜晚，总是独自思索，往往因忧伤而不能入睡，而抚心捶胸泣血，痛苦万分，真恨不能插翅而奋飞！她呼问苍天的无可奈何，更说出了她内心难以言宣的烦闷。全诗婉转地倾泄出了她的控诉。

日 月

日居月诸，照临下土。乃如之人①兮，逝不古处②。胡能有定？宁不我顾③！

日居月诸，下土是冒④。乃如之人兮，逝不相好。胡能有定？宁不我报！

日居月诸，出自东方。乃如之人兮，德音⑤无良⑥。胡能有定？俾⑦也可忘！

日居月诸，东方自出。父兮母兮⑧，畜⑨我不卒。胡能有定？报我不述⑩！

【注释】

①乃如之人：乃如，语气词；之人，即这个人。

②逝不古处："到了……的地步"；不古处，不像往日那样待我。

③宁不我顾：宁，竟然；不我顾，不顾我。

④冒：覆盖。

⑤德音：称他人的话为德音，是自谦之词。

⑥无良：无善意。

⑦俾：使的意思。

⑧父兮母兮：父亲啊！母亲啊！

⑨畜：喜好。

⑩不述：不讲情理。

【赏析】

咏弃妇悲叹的诗，在邶风中就可见到好几首，如《柏舟》、《日月》、《终风》、《谷风》等篇。古人认为一个被遗弃的爱人，或是被冷落的妻子，便是隐喻一位委屈的大臣，向他的君王埋怨，这种埋怨在风、雅里都有，《毛诗序》便把它们称作"变风"及"变雅"，也就是说，这些诗是政治及道德都已恶化的作品。编诗的人有意利用诗的编排次序，指出这种衰败而呼吁挽救世道。

此诗的特点是每章都以日月的普照大地，来反衬丈夫感情不长久，且含有祈求的意味，既是祈求日月，也是针对丈夫而发。末章更呼唤父母，足以看到她无可宣泄的沉痛。首章和二章的第二句，三章和四章的第二句，都借转移改动词组的顺序，使得同一意象之中，有不同的表现，以增加强调的效果。

被弃者一诉、再诉、三诉后，悲凄之情推到极点，既恨他薄情，又想忘记他来解脱自己，却又达不到，反而更增加了怨情，低回惆怅，她像处身于寒冷的冰窖之中，她的苦痛，只有呼日月、父母，才能全部发泄。

终　风

终风且暴①，顾我则笑。谑浪笑敖②，中心是悼③！
终风且霾④，惠然肯来⑤。莫往莫来⑥，悠悠⑦我思。
终风且曀⑧，不日有曀。寤言不寐，愿言则嚏⑨。
曀曀其阴，虺虺⑩其雷。寤言不寐，愿言则怀。

【注释】

①终风且暴：《诗经》里的"终……且……"和"既……且……"是同一种句式；此句意思是：不仅刮风而且猛烈。
②谑浪笑敖：谑，戏弄，取笑的意思。笑敖，调笑。
③中心是悼：中心，心中；悼，伤痛。
④霾：风刮得尘土飞扬，使空中阴暗如雾的景象。
⑤惠然肯来：希望丈夫在暴风怒号的时候来看她。
⑥莫往莫来：互不往来。
⑦悠悠：无穷无尽的样子。
⑧曀：刮风而阴昏的天气。
⑨愿言则嚏：愿，思念：即思念他的时候，我打喷嚏！
⑩虺虺（huī）：雷声。

【赏析】

这首诗仍然是弃妇的怨诗。

《终风》首章以刮风且急暴，象征丈夫的性情狂暴无常，"谑浪笑敖"，连用四个动词来描写男方的粗暴无礼。次章以后写她虽遭丈夫如此对待，但丈夫离开后，她又转恨为念，企盼他能心怀善意地来看她，纵然想起他时总要令人心似抽搐地恼怒烦闷，但这种思念却依然无穷无尽地持续着。她的心情暗淡阴沉的意象，不断地交叠出现，使沉闷的音响连续不断，幽怨阴沉的气氛更加浓烈，终于在一声感叹中戛然停止——"愿言则怀"！（哎！想起来就令人忧愁感伤！）给我们留下袅袅不绝的回响，弃妇的哀怨现象，在景与情的交融下，显露突出，留在我们心中久久不能散去。

雄 雉

雄雉①于飞，泄泄②其羽。我之怀矣，自诒③伊阻④！
雄雉于飞，下上其音。展⑤矣君子，实劳⑥我心！
瞻⑦彼日月，悠悠我思。道之云⑧远，曷⑨云能来？
百尔君子⑩，不知德行⑪；不忮不求⑫，何用不臧⑬？

【注释】

①雉：野鸡，尾巴很长，羽毛美丽。

②泄泄：慢慢地振动翅膀，很自得的样子。

③诒：遗。

④伊阻：伊，其；阻，困难。

⑤展：诚恳。

⑥劳：忧劳、挂念。

⑦瞻：看、视。

⑧云：句中语助词。

⑨曷：什么时候。

⑩百尔君子：所有的男人。

⑪德行：安分守己。

⑫不忮不求：忮，嫉妒而害人；求，贪求。

⑬臧（zàng）：善良。

【赏析】

雄雉多轻薄，指专断放浪的男子，本诗中的雄雉是诗人所思念怀想在外久不回家的丈夫。

首章以雄性的野鸡，慢慢地、很自得地振动翅膀起兴，象征离家远行、久不回归的丈夫临走的神态，空闺独守，触景伤情，引发起无垠无涯的思念，禁不住自抱自怨起来，真是"悔教夫婿觅封侯"啊，无可奈何！次章依然以"雄雉于飞"起兴，看那雄雉飞鸣自得的样子，不知丈夫在外是奔波无暇返家呢，还是乐不思蜀？有疑虑和怨责的意味。

后二章是平铺直叙的赋体。第三章先写日月如梭的飞逝，自己企盼丈夫归来的意念，与日俱增，却又说"路途遥远，问君归期似无期"。末章写怨忧丛集之后，终于省悟，实际是自寻苦吃，若非自己贪慕荣华，就不致有今天的阔别和相思之苦，于是发出"不忮不求，何用不臧"的警句，就好像当头一棒，不仅是自责，也警示其他的人！

谷　风

习习谷风①，以阴以雨，黾勉②同心，不宜有怒。采葑采菲③，无以下体④。德音莫违，及尔同死。

行道迟迟，中心有违⑤，不远伊迩，薄送我畿⑥。谁谓荼苦，其甘如荠⑦；宴尔新昏⑧，如兄如弟。

泾以渭浊⑨，湜湜其沚⑩。宴尔新婚，不我屑以⑪。

毋逝我梁，毋发我笱⑫。我躬不阅，遑恤我后⑬！

就其深矣，方之舟之；就其浅矣，泳之游之。何有何亡，黾勉求之。凡民有丧，匍匐救之⑭。

不我能慉，反以我为仇⑮。既阻我德，贾用不售⑯。昔育恐育鞠，及尔颠覆⑰。既生既育，比予于毒。

我有旨蓄，亦以御冬⑱，宴尔新昏，以我御穷。有洸有溃⑲，既诒我肆⑳。不念昔者，伊余来塈㉑。

【注释】

①习习谷风：大风连续不停地吹着。
②黾勉：努力。
③采葑采菲：葑（fēng），芥菜，根叶皆可食；菲，萝卜。
④无以下体：下体，根；此为疑问句，是说"采葑采菲能不要它的

根吗？"用以来比喻夫妻应当有始有终。

⑤违：怨恨。

⑥不远伊迩，薄送我畿：伊，维；迩，近；薄，语助词；畿，门槛。

⑦"谁谓"二句：荼，苦菜；荠，甘菜。

⑧宴尔新昏：宴，愉快，欢乐；昏，通婚，即婚礼。

⑨泾以渭浊：泾渭二水在今陕西省，泾水浊，比喻自己，渭水清，比喻新人。

⑩湜湜其沚（zhǐ）：湜湜，水清的样子；沚，水清见底。

⑪不我屑以：屑，洁；意思是"不以我为洁"。

⑫毋逝二句：逝，去；梁，捕鱼的石堰；发，弄乱了；笱，捕鱼的竹器，鱼能入不能出。

⑬我躬二句：躬，自身；阅，容；遑，暇；恤，顾虑。

⑭凡民二句：丧，凶祸；匍匐，伏地膝行，尽力。

⑮不我二句：慉，喜悦，爱好；仇，仇恨。

⑯既阻二句：阻，拒绝；贾，卖物。

⑰昔育二句：育，生计；鞠，穷困；颠覆，指窘困的生活。

⑱我有二句：旨蓄，甘美的干菜；御，抵挡。

⑲有洸有溃：洸然溃然。洸，粗暴；溃，愤怒。

⑳既诒我肄：诒通遗，留给；肄，劳苦的工作。

㉑伊余来塈：伊，惟；余，我；塈，爱；即"你只把我一个人来爱"。

【赏析】

《诗经》中有两篇《谷风》，除《邶风》中本诗外，《小雅》也有《谷风》，诗的形式内容都相似。此诗是弃妇的诗，诗中抚今追昔，充满不忍自决之情，是《诗经》中抒情的名作。

诗的首章以暴风和阴雨起兴，正面斥责她的丈夫不应抛弃糟糠之妻，说夫妻之间的情分不该有丝毫的裂痕，应当同心同德，有始有终，不论富贵贫贱，总要同命到底，甚至说如果丧失男子的爱情，即愿以死为殉，这是夫妇的正道。古圣先贤以为"君子之道造端乎夫妇"，所以男子成家和立业是同等重要的事，而夫妻如同鸳鸯，该同生共死，不当"临了大难各自飞"，这是弃妇的自诉。

早先婚姻失败的女子，被弃遣送回家，步履沉哀，失去的爱情是绝无可能恢复了。次章里诗中的女主角正是被弃离家的妻子，想起丈夫喜新厌旧，内心苦楚，人说荼苦，但和我的悲苦相形之下，还是像荠菜那般甘美呢！用对比的方法，写丈夫重婚时的"新婚宴尔"更烘托出自己被弃的苦痛。

三章写女子被弃以后，对过去生活眷恋的余情。夫妇和好的宁静生活因为其他女子的出现而破坏，糟糠之妻为生活勤劳，显得憔悴消瘦，而新人年轻且把自己劳苦的成果据为己有，坐享其成，自己已经人老珠黄了；诗中对家事的牵挂和对丈夫的不满，由"毋逝我梁，毋发我笱，我躬不阅，遑恤我后"的沉痛语调委屈道来，后杜甫《佳人》诗中名句"但见新人笑，那闻旧人哭"代用此意。

四章五章追叙从前不论治家睦邻，都费尽心力，而今昔苦乐的不同，更见丈夫的忘情，忆往昔的美满，所以增加如今的怨恨。末章说丈夫只与她共贫穷，不与她共享乐，等到家计富裕，就不念旧情，反目成仇，移情别恋，将新人宠，把故人弃，使她痛楚不堪。

诗的最后，以"不念昔者，伊余来墍"结尾，诗中的怨怒之气，顿时转为一片无法斩断的缠绵痴情，这种得不到补偿的痴情，转折反复，更显哀怨的心情，真是地老天荒此恨难消，此情不泯，又不能怎么样，令人读来荡气回肠，同情之心油然而起。

诗中表现手法多变，运用赋、比、兴，意象的连续很少重复，即使是目的一样，也不轻易让同一意象重复出现。比喻的手法也很特别，往往借正反两个意象来加强所要表现的感情，如"谁谓荼苦，甘之如荠"等。造句很新奇，诗中如"不我屑以"、"不能我慉"一类的句法很常见。

静 女

静女其姝①，俟我于城隅②；爱③而不见，搔首踟蹰④。
静女其娈⑤，贻我彤管⑥；彤管有炜⑦，说怿⑧女美。
自牧归荑⑨，洵美且异⑩；匪女之为美，美人之贻。

【注释】

①静女其姝：静女与淑女意思相同；姝，美丽。
②俟我于城隅：俟，等候；城隅，指城上的角楼，幽僻之处。

③爱：躲藏。

④踟蹰：走来走去，徘徊。

⑤娈（luán）：美好的样子。

⑥贻我彤管：贻，赠送；彤，红色。彤管到底是什么，向来说法不一，有人说是笔，有人说是乐器，又有说是红色管状的初生草，就是下文的"荑"，这种说法比较合理。

⑦有炜：炜然，炜（wěi），红而有光。

⑧说怿：喜欢。

⑨自牧归荑：牧，野外；归，馈送；荑，初生的茅草，味甘可食，俗名茅针。

⑩洵美且异：洵，确实；异，不平凡。

【赏析】

这是写一个男子去赴情人约会的诗，诗中刻画了他见到情人前后的不同心情。

全诗兼用四言五言。首章写男女在僻远的城隅相会，男子如期前往，女子却故意躲起来逗他，让他干着急，"爱而不见，搔首踟蹰"用字的轻巧灵活，似乎使男子无可奈何，焦灼地走来走去的景况就在我们的眼前出现。

二章和三章内容相似，写女子赠彤管，又特地从野外拔回一把茅针送他，女子不仅漂亮而且重感情，令他看"彤管"而想起美人，握茅针而念静女，彤管和荑草是平常之物，但是送的人是自己"寤寐思服"的人，因物思人，就是所谓的"移情作用"。

鄘 风

柏 舟

泛彼柏舟，在彼中河^①。髧彼两髦^②，实维我仪^③，之死矢靡它^④，母也天只^⑤，不谅^⑥人只！

泛彼柏舟，在彼河侧。髧彼两髦，实为我特^⑦，之死矢靡慝^⑧，母也天只，不谅人只！

【注释】

①中河：即河中。

②髧彼两髦：髧（dàn），头发下垂的样子；髦，男子没到成人时，披着头发，分向两边梳着，叫两髦。

③仪：配偶。

④之死矢靡它：之，至；矢，誓；靡它，无二心。

⑤母也天只：也和只，都是语尾助词，带有感叹语气；即母亲啊！天啊！

⑥谅：体谅。

⑦特：动物中的雄性，今指其对象或配偶。

⑧慝：改变常态。

【赏析】

这首《柏舟》和《邶风》中的《柏舟》一样，也列为《鄘风》之首。邶、鄘、卫都是卫国境内的小地名，《邶风》十九篇、《鄘风》十篇、《卫风》十篇，都是当时卫国的歌谣。

这篇诗写一个少女，自己找好了对象，不顾母亲的阻挠，要求婚姻自主，誓死忠于爱情，不肯改变初衷，表现了她对爱情的强烈忠贞和她的独特个性。

诗以河中飘荡的柏舟起兴，比喻少女的坚贞。柏舟是由坚硬的柏木建造成的，象征她的坚贞自守，河中之水汹涌澎湃，而柏舟正在那河中、河侧飘摇、荡漾，也是她心所牵系的人，不被支持，甚至被胁迫改变志节的象征。想起她心中"髧彼两髦"的仪表——垂髦发饰，表示还是年轻的男子——早就起了思慕之情而决定把一颗心献给他，可怜这少女并未得到母亲的认可与谅解。波流汤汤，有如从四面八方挤迫而来的反对声浪，几乎要被淹没，弄得她怨恨万分。在这样孤立无助的恶劣环境中，却依然鼓起强烈的意志，向父母抗议，向天地命运控诉，为爱情挣扎，读来令人心酸，也使人同情。

君子偕老

君子偕老，副①笄②六珈③。委委佗佗④，如山如河。象服⑤是宜。子之不淑，云如之何⑥？

玼⑦兮玼兮，其之翟⑧也。鬒⑨发如云，不屑髢⑩也。玉之瑱⑪也，象之揥也。扬且之皙⑫也。胡然而天也！胡然而帝也！

瑳⑬兮瑳兮，其之展⑭也，蒙彼绉絺⑮，是绁袢⑯也。子之清扬⑰，扬⑱且之颜⑲也，展⑳如之人兮，邦之媛㉑也！

【注释】

①副：妇人的一种头饰。

②笄：簪子。

③六珈：副笄上的玉饰，垂珠有六颗。

④委（yí）委佗（tuó）佗：形容举止大方的样子。

⑤象服：华丽的礼服，绘有文饰图案。

⑥如之何：怎么样。

⑦玼（cǐ）：花纹绚烂、鲜明的样子。

⑧翟（dí）：绣着山鸡图案的象服。

⑨鬒（zhēn）：黑发。

⑩髢：假发。

⑪瑱：冠冕上垂在两耳旁的玉饰。

⑫象之揥：发钗一类的首饰。用象牙做成。扬：额。皙：白净。

⑬瑳：鲜明洁白的样子。

⑭展：古代后妃或命妇的一种礼服。

⑮絺：精细的葛布。

⑯绁袢（xiè fán）：夏天穿的薄衫。这里指内衣。

⑰清扬：眉目清秀。

⑱扬：眉宇宽广。

⑲颜：面额。引申为好看、容貌美丽。

⑳展：的确。

㉑媛：美女。

【赏析】

这是一首表面上感叹丽人美貌，实际上却是讽刺的佳作。全诗三章，首章七句，次章九句，末章八句，错落有致。首章揭出通篇纲领，章法巧妙；次章与末章用赋法反覆咏叹宣姜服饰、容貌之美。"胡然而天也！胡然而帝也！"二句神光离合，仿佛天仙帝女降临尘寰，无怪乎姚际恒《诗经通论》称此诗为宋玉《神女赋》、曹植《洛神赋》之滥觞，并谓"'山河'、'天帝'，广揽遐观，惊心动魄，有非言辞可释之妙"。

全诗反复铺陈咏叹宣姜服饰容貌之盛美，是为了反衬其内心世界的丑恶与行为的污秽，铺陈处用力多，反衬处立意妙，对比鲜明，辛辣幽默，具有强烈的讽刺效果。

桑 中

爰采唐矣①？沫②之乡矣。云谁之思③？美孟姜④矣。期我乎桑中⑤，要我乎上宫⑥，送我乎淇之上矣。

爰采麦矣？沫之北矣。云谁之思？美孟弋矣。期我乎桑中，要我乎上宫，送我乎淇之上矣。

爰采葑矣？沫之东矣。云谁之思？美孟庸矣。期我乎桑中，要我乎上宫，送我乎淇之上矣。

【注释】

①爰采唐矣：爰（yuán），何处；唐，一种蔓生植物，菟丝相附，故有时亦称菟丝。

②沫：卫城名，即妹邦，在卫都朝歌南七十里，今河南省淇县境内。

③云谁之思：之，是，意思是思念谁。

④孟姜：孟，排行第一，即姜姓长女；下之孟弋、孟庸也是"弋姓长女"、"庸姓长女"的意思。

⑤期我乎桑中：期，订期约会；桑中，泛指桑树林。

⑥要我乎上宫：要，邀请；上宫，楼上。

【赏析】

这是一首描写男女相悦相爱而订期约会的恋歌。

诗中描写青年男子在采撷食物时，想念心中的爱人，脑海里浮现两人谈情说爱，约会游逛的快乐情景。诗中的孟姜、孟弋、孟庸，因为姓氏不同，以前的说法是三个女姓；现今以为是一人。按民歌中人称，多属泛指，不必过于拘泥。

诗中的孟姜、孟弋、孟庸，只是当时众所瞩目的美女，正等于现今的漂亮姑娘，可见是诗人杜撰的。

旧说以"桑中"、"上宫"和"淇水之上"，都是卫城的地名，是卫国仕女们郊游娱乐的地方，朱熹以为"桑中"即"桑间"，《礼记·乐记》所说的桑间濮上的亡国之音，就是这类作品，朱熹之说以宋时的礼教为基础，故作此谰言。周代社会对未婚男女交往是许可的，先恋而后媒聘，属于正常，至于逾龄未婚男女的相好的说法也没有礼节的禁止，所以男女郊游用不着讥刺，朱熹是以理学家的礼教观来看，这些青年男女的感情表现都是违背礼教的。

全诗三章，兼用四言、五言、七言，使格调轻松愉快，节奏活泼，情调动人。同一意象反复迭咏，很有歌谣的风味。

蝃蝀

蝃蝀①在东，莫之敢指。女子有行②，远父母兄弟。

朝隮③于西，崇朝④其雨，女子有行，远父母兄弟。

乃如之人也，怀婚姻⑤也。大⑥无信也，不知命⑦也。

【注释】

①蝃蝀（dì dòng）：虹，天地交合所生的现象。指淫乱的社会风气。

②有行：出嫁。

③陈：虹。天地淫而生虹。

④崇朝：终朝。

⑤怀婚姻：想求我和你结婚。

⑥大：太的意思。

⑦命：正理、道理。

【赏析】

古代传说虹是天地交合所生的现象，是污秽之物，因此有所谓天地淫而生虹的说法，且有虹不可指的说法，指虹会遭祸，不是烂手指，就是手歪，正如指月亮会被割耳朵，数星星数得完可为天子，数不完将变哑巴等传说，使人不敢违反。这首诗使用虹来比喻淫乱的社会风气。

诗很简洁，意象也很单纯，先以虹来比拟恶势力的求婚者，接着刻画一位远离父母兄弟的女子受到他的冲击。首两章气氛的渲染把虹放"蝃蝀在东"的"莫之敢指"和"朝陈在西"的"崇朝其雨"并列，正如谚语的"东虹唿噜西虹雨"，用东虹的雨停和西虹的雨濛濛截然不同，来显现这个被迫害女子的孤立，眼看将被恶势力吞没，第三章却使巨峰突起，弱女子大声疾呼，怒斥恶人的不顾人伦礼仪，使我们听到袅袅不绝的控诉之声。

相 鼠

相①鼠有皮，人而无仪②。人而无仪，不死何为？

相鼠有齿，人而无止③。人而无止，不死何俟？

相鼠有体④，人而无礼。人而无礼，胡⑤不遄死⑥？

【注释】

①相：仔细看。

②仪：指合于礼貌而可以供人吸取的外表或举动。

③止：容止，指守礼法的行为。

④体：肢体。

⑤胡：为什么。

⑥遄（chuán）：速速，即立刻、马上的意思。

【赏析】

这是一首正面斥责统治的官吏荒淫无耻、昏庸愚昧的诗，用老鼠起兴，说他们连老鼠都不如，表现了人民对他们的痛恨和鄙视。

礼虽然会因时因地而不同，如从前认为是合乎礼的，在如今却成了不合时宜的"吃人礼教"。在如今认为是合乎礼的，在从前简直就是大逆不道。连东西方的礼也大有不同，但按照礼去做，却是古今中外公认的道理，荀子有篇《礼赋》，更说明礼的重要，所谓"性不得则若禽兽"，不正像本诗所说的一样吗？老鼠身上都有皮，嘴里还有牙齿，四肢完整无缺，而这些违礼的人，虽然也具备自然界所赋予的皮、牙齿和完整无缺的四肢，但行为举止却比老鼠还鬼祟，更藏头露尾。

把出入都偷偷摸摸的老鼠，和苟且偷生、丑态百出的贪官恶吏同列，这种对照产生的弦外之音，强烈地显现出来，尤其是反复地"不死何为"、"不死何俟"至"胡不遄死"，戛然而止，给那些扰乱社会的害群之马以当头一棒，简直是逼他们快快死掉，真是大快人心，痛快淋漓。

各章第二句、第三句重复的迭句形式，加快了本诗的节奏，三章形式相似，连环性强，为《诗经》中基本形式之一。

载 驰

载①驰载驱，归唁②卫侯。驱马悠悠③，言至于漕④。大夫跋涉⑤，我心则忧。

既不我嘉⑥，不能旋⑦反。视尔不臧，我思不远。

既不我嘉，不能旋济⑧。视尔不臧，我思不閟⑨。

陟彼阿丘⑩，言采其虻⑪。女子善怀，亦各有行⑫。许人尤⑬之，众稚⑭且狂。

我行其野，芃芃⑮其麦，控⑯于大邦，谁因谁极⑰？大夫君子，无我有尤。百尔所思，不知我所之。

【注释】

①载："载……载……"即白话的"边……边……"

②唁（yàn）：人家有丧事，或诸侯失国，前往慰问。

③悠悠：形容道路遥遥长远的样子。

④漕：卫城。

⑤跋涉：草行为跋，水行为涉；这里指远道奔走而来。

⑥嘉：赞同。

⑦旋：立刻。

⑧济：渡河。

⑨閟：通"闭"。

⑩阿丘：偏高的山丘。

⑪蝱：贝母，药名，据说可治郁闷的病。

⑫行：道理。

⑬尤：埋怨。

⑭稚：骄傲。

⑮芃芃（pēng）：茂盛的样子。

⑯控：告诉、陈述。

⑰谁因谁极：因，亲近、依赖；极，主持正义。

【赏析】

根据《左传》鲁闵公二年，此诗是许穆夫人所作。

此诗的主旨，是写许穆夫人主张卫国应向大国求援。所以《左传》在记载了"许穆夫人赋载驰"的话以后，紧接着就叙述了齐桓公派兵救卫，并馈赠很多物资的事实，可见此诗的政治意义在当时是很大的，但诗中却暴露了许卫之间的矛盾。我们从诗中看到，许国的执政者是一直在反对许穆夫人的，所以诗中也充分表示了她对许国众大夫的愤怒情绪。以今天的看法来评论，此诗不但充满了爱国思想，而且还体现出作者的眼光和主见，是个为祖国国难而奔驰呼吁的伟大女性，是值得歌颂的。

全诗共分五章，首章用赋的手法叙述她自己要慰问卫国，中途受许国大夫的阻碍，二章和三章都是许国大夫的话，四章说她内心的忧伤和愤怒，末章叙述她要求救于大国，寻求许国大夫的帮助，不要阻碍她。许穆夫人至诚的爱国情操，流露在字里行间，读起来不得不令人感动。

卫 风

淇 奥

　　瞻彼淇奥①，绿竹猗猗②。有匪③君子，如切如磋，如琢如磨④。瑟兮僴兮⑤，赫兮咺兮⑥，有匪君子，终不可谖⑦兮。

　　瞻彼淇奥，绿竹青青⑧。有匪君子，充耳琇莹⑨，会弁⑩如星。瑟兮僴兮，赫兮咺兮，有匪君子，终不可谖兮。

　　瞻彼淇奥，绿竹如簀⑪。有匪君子，如金如锡⑫，如圭如璧⑬。宽兮绰兮⑭，猗重较兮⑮。善戏谑⑯兮，不为虐⑰兮。

【注释】

①奥（yù）：河岸的小湾。

②猗猗：美而茂盛的样子。

③有匪：匪通斐。斐然，有文采的样子。

④如切二句：磋，治骨角的人既切之后，又用锉刀锉使它细润光滑，琢，雕琢，治玉石的人先雕琢之后，再用沙石磨它。这两句是比喻做事情精益求精。

⑤瑟兮僴兮：瑟，矜持庄重的样子；僴（xiàn），威严的样子。

⑥赫兮咺兮：咺（xuān），鲜明的样子。

⑦谖（xuān）：忘记。

⑧青青：茂盛。

⑨充耳琇莹：充耳，耳朵饰品；琇莹，美好的玉石。

⑩会弁：饰品，绕在帽子上用玉来点缀，闪耀如星。

⑪簀：竹席。

⑫如金如锡：比喻君子品德的高尚。

⑬如圭如璧：圭是长方形的美玉，璧是平图形而中间有孔的美玉。

⑭宽兮绰兮：性情的雍容大方。

⑮猗重（chóng）较（jué）兮：猗，倚、凭。较，车厢两旁的木板，因它高出车轼，所以称重较。

⑯戏谑：幽默有趣的玩笑话。

⑰虐：过分。

【赏析】

众所周知，这是一首赞颂诗，歌咏对德才兼备君子的思慕心情。

三章迭咏。猗猗绿竹的意象，不但蕴含耐寒、鲜嫩，并有温润如君子的暗示，读书人心中的竹，是那么超俗，那般谦和，所以常用竹来比喻君子，又以竹的茂盛，来说明君子的品德非常善良。细工切磋、匠心琢磨的骨角、象牙、珍玩、玉器、美石就像君子的德行风范非常完美、高雅而超脱世俗。第二章和第三章都采用和首章相同的句法与描绘手法，只是渐渐地使君子接近人群，赋予人性，如第二章的"充耳"和"会弁"、第三章的"金锡"和"圭璧"。又如"瑟兮僩兮"表现他义正词严，"宽兮绰兮"表现他胸怀宽广，"善戏谑兮"表现他个性的宽舒随和，篇末"不为虐兮"对君子的歌颂，亲爱的表现，直到思慕的感情推移，心路历程昭然若揭。

考 槃

考槃①在涧②，硕人③之宽④，独寐寤言⑤，永矢⑥弗谖。
考槃在阿⑦，硕人之薖⑧，独寐寤歌，永矢弗过⑨。
考槃在陆⑩，硕人之轴⑪，独寐寤宿，永矢弗告⑫。

【注释】

①考槃：考，扣、敲击；槃，乐器名，敲打乐器来唱歌。
②涧：山水间。
③硕人：高达贤士。
④宽：胸襟宽广。
⑤独寐寤言：独睡、独醒、独言，意思是：孤独的生活起居，怡然自得其乐。
⑥矢：誓。
⑦阿：丘陵。
⑧薖（kē）：宽大。
⑨过：与人交往。

⑩陆：平地。

⑪轴：道理。

⑫告：与他人交谈。

【赏析】

这是一曲隐士的诗歌，写隐者孤独的生活起居，自得其乐。这种诗都是用赋的手法，三章形式相似，内容也没有太多的差别。

远离人群而独居的隐者，在山涧、在丘陵、在平地的孤独生活中，独睡、独醒、独言、独歌，虽然平淡呆板，但胸襟宽广的隐者，依然可以克服那冷漠空境的孤独感，而悠闲自得其乐地敲打乐器唱着歌，那就是不为人知的隐者，住在简陋的地方，安贫乐道。庄子的书中经常称颂颜渊，所以有人说这首诗也许是老庄一派思想的先驱，大概老庄的思想也酝酿于春秋中期社会的变迁，是没落贵族的生活观念的反应，而庄子鼓盆而歌也是此诗扣槃而歌的遗风。

这首诗该是可考的文献中最早的一首隐逸诗！

硕　人

硕人其颀①，衣锦褧衣②。齐侯之子③，卫侯④之妻，东宫⑤之妹，邢侯之姨⑥，谭公维私⑦。

手如柔荑，肤如凝脂。领如蝤蛴⑧，齿如瓠犀⑨，螓首蛾眉⑩，巧笑倩⑪兮，美目盼⑫兮。

硕人敖敖⑬，说⑭于农郊。四牡有骄⑮，朱帻镳镳⑯，翟茀⑰以朝，大夫夙退，无使君劳。

河水洋洋⑱，北流活活⑲。施罛濊濊⑳，鳣鲔发发㉑，葭菼揭揭㉒，庶姜孽孽㉓，庶士有朅㉔。

【注释】

①硕人其颀：硕人指美人；颀（qí），秀长而高。

②褧（jiǒng）衣：即现在的罩袍，防止灰尘污外衣。

③齐侯之子：齐庄公的女儿。

④卫侯：卫庄公。

⑤东宫：原指太子的住所，此指齐国大臣。

⑥邢侯之姨：邢国在今河北邢台县；姨，妻子的姐妹。

⑦谭公维私：谭国在今山东济南；私，姐妹的丈夫。

⑧领如蝤（qiú）蛴（qí）：领，脖子；蝤蛴，白胖而长的虫子。

⑨瓠犀：瓠瓜中的种子，洁白而整齐地排列。

⑩螓（qín）首蛾眉：螓，小蝉，额头广阔方正而富有光润；蛾眉，美人的眉毛细长微曲，如蛾的触须。

⑪倩：美好的样子。

⑫盼：眼眸黑白分明的样子。

⑬敖敖：修长的样子。

⑭说：停止、息。

⑮四牡有骄：牡，公马；有骄，骄然，健壮的样子。

⑯朱帻（fén）镳（biāo）镳：帻，镳饰；镳，马龙头外面的铁器，以红色的丝绳缠着；朱帻镳镳：每个马龙头都有红色的装饰。

⑰翟（dí）茀（fú）：翟，翟车，以山鸡的羽毛装饰的车；茀，遮蔽，妇人的车前后都设有蔽盖。

⑱洋洋：水盛大的样子。

⑲活活：水流的声音。

⑳施罛（gū）濊（huò）濊：施，布设；罛，鱼网；濊濊，渔网入水阻碍水流的样子。

㉑鳣（zhān）鲔（wěi）发发：鳣鲔，黄鱼；发发，鱼入网后，挣扎着想要出来，尾巴急速拍动的声音。

㉒葭菼（tǎn）揭揭：葭菼，芦荻；揭揭，长相、容貌。

㉓庶姜孽孽：庶姜，众陪嫁的女子；孽孽，打扮很华丽。

㉔庶士有朅：庶士，护送新娘的齐国武士；朅，雄壮威武的样子。

【赏析】

这首诗很明显的是赞美卫庄公的夫人庄姜的诗。

齐侯的女儿，嫁给卫国的庄公，就叫庄姜。首章赞美庄姜身材非常美，我国古代男女，都以高大为美，所以以硕人形容高大贤士的人，也可以形容美女，而本诗四章皆以硕人起句，足以说明庄姜的美貌。并详细叙述了庄姜的身份高贵，借姐妹夫婿家庭的显赫，来烘托她的高雅气质。呈现在我们面前的是一位家世显赫雍容华贵的新娘！

第二章写庄姜的仪容之美，以部分显整体的手法，比拟新鲜，刻画入微，描摹的美人神态活现，是全诗中最精彩的片段，为描写美人的最早杰作。写手的柔嫩白皙，皮肤的润滑光泽，脖子的长而美好，牙齿的整齐洁白，额头的美而好看，眉毛的细长弯曲，就如此由局部的描绘到笑容的可掬，眼眸的活现，尤为美妙传神，画龙点睛，深得此中三昧，难怪姚际恒有"千古顺美人者举出其右，是为绝唱"的佳评，美人的笑态，嫣然启齿，双颊微现梨窝，秋波流盼，栩栩如生的美人，跃然眼前。

第三章、第四章倒叙庄姜渡河而来的壮盛阵容，及卫国君臣的欢迎景况，"大夫夙退，无使君劳"更烘托出庄公得美人的欣喜之情，体贴温柔之语现。

氓

氓之蚩蚩①，抱布贸丝②。匪来贸丝，来即我谋③。送子涉淇，至于顿丘④。匪我愆期⑤，子无良媒。将⑥子无怒，秋以为期。

乘彼垝垣⑦，以望复关；不见复关⑧，泣涕涟涟。既见复关，载笑载言。尔卜尔筮⑨，体无咎言⑩。以尔车来，以我贿⑪迁。

桑之未落，其叶沃若⑫。于嗟鸠兮，无食桑葚⑬；于嗟女兮，无与士耽⑭。士之耽兮，犹可说也；女之耽兮，不可说也。

桑之落矣，其黄而陨⑮。自我徂尔⑯，三岁食贫。淇水汤汤⑰，渐车帷裳⑱。女也不爽⑲，士贰其行。士也罔极⑳，二三其德。

三岁为妇，靡室劳矣㉑；夙兴夜寐，靡有朝矣。言既遂矣，至于暴矣㉒。

兄弟不知，咥㉓其笑矣。静言思之，躬自悼矣！

及尔偕老，老使我怨。淇则有岸，隰则有泮㉔。总角㉕之宴，言笑晏晏㉖，信誓旦旦㉗，不思其反㉘，反是不思㉙，亦已焉哉㉚！

【注释】

①氓之蚩蚩：氓，指诗中男主人公；蚩蚩，和颜悦色，一副厚道的样子。

②抱布贸丝：贸，买；古时候以物易物，以布买丝，并非以钱买丝，有人以为布是钱币，显然是错误的。

③来即我谋：即，就；谋，图谋，意思是借买丝的时机与女子接近谈恋爱。

④顿丘：地名，在今河北省清丰县西南。

⑤愆期：愆，过；愆期，误期。

⑥将：发语词，有请、愿、希望的意思。

⑦乘彼垝垣：乘，登；垝，高；垣，墙。

⑧复关：在河北清丰县，男子的家乡，用来代表男子。

⑨尔卜尔筮：卜，用火烧龟甲，从裂痕看吉凶；筮，算卦。有单用卜或筮，也有同时用两种的。

⑩体无咎言：体，挂相上说；无咎言，没有不吉利的话。

⑪贿：财物，这里指嫁妆。

⑫沃若：柔嫩润泽的样子。

⑬桑葚：葚，桑的果实，据说斑鸠吃了桑葚能醉，这句话比喻女子不要沉溺在爱情里。

⑭耽：欢乐。

⑮陨：落。

⑯徂尔：徂，往；徂尔，来嫁。

⑰汤汤：水大的样子。

⑱渐车帷裳：水沾湿了我的车帷。

⑲爽：差错。

⑳罔极：无良。

㉑靡室劳矣：不以家务为劳。

㉒言既二句：意思是"我嫁给了你，与你安心的过日子，你的心愿已经满足，却狠心地对我暴虐不仁"。

㉓咥：冷笑的样子。

㉔隰则有泮：隰，低洼而湿的地方；泮，涯。

㉕总角：古时男女未成年时，将头发扎成两边相对而上翘的发束。

㉖晏晏：和柔的样子。

㉗信誓旦旦：恳切地发誓。

㉘不思其反：不回头想一想。

㉙反是不思：回头想一想都不肯。

㉚亦已焉哉：已，止、完了；意思是"也只好算了"。

【赏析】

这是国风中仅次于《豳风·七月》的第二长的叙事诗。

讲述了一个女子诉说了她不幸的婚姻遭遇，有完整的故事，从她怎么恋爱，怎么结婚，怎么被虐待，到她如何毅然决绝地离开他！无限辛酸哪里说得完？绵绵此恨，刻骨铭心！

这首弃妇怨诗的女主角悔恨地追述相爱结婚的经过，充分表现了对这个负心男子的怨怒，态度比"柏舟"和"谷风"二诗所表现的显得更为决绝。前两章都在追述相爱和结婚的经过：行旅商人抱着纺织品经过各村来换丝，这汉子（氓）左一次右一次地来来去去，他的目的不在买丝，邀我出去讲了很多追求的话语，他的话那么甜蜜温和，令人忘形，送他过淇水至顿丘。男子说要女孩和他私奔吧，女子要男方遣媒人来提亲，男的有点赧颜（不高兴），女子哭泣着说："不论如何你都要多忍耐，秋天一到就履行诺言。"

第二章写女子等待男子的心情，女子的痴情，意态缠绵，千古情怀就在"不见复关，泣涕涟涟，既见复关，载笑载言"四句中活灵活现，今天恋爱中的男女何尝不是如此呢？所以你的车来，我就带着我的嫁妆上路。

第三章写女子后悔自陷情网，如食桑葚般过分和男子相爱，危险莫过于此，男人可以放任作为，女子是不行的，我没变心，他却抛弃以前的誓言。以下叙述三年劳苦化成泡影，今日有家却不能回，"静言思之"，只有哀怨自己一时糊涂了。白头到老的愿望已经没有了，被抛弃的女子身系浮萍，前途未知，凄凉怨恨的时候想起了新婚之夜的美好日子，也想起了与男子的初恋，然而转过头来，一切都已成空，留下的只有悔恨。所以末章以悔恨交加，凄怆幽怨作结尾，"亦已焉哉"（忘掉算了吧），荡气回肠，令人不禁鼻酸泪坠！

诗以赋体为主，兼具比兴的手法。第一章女子称男子为"氓"，继而称"子"；第二章又改称"尔"，以后即"士"与"尔"，除表现男女间的亲疏感情外，也意味着女子情绪的变化，一转一叹，一叹一泪，写尽古今弃妇的悲凉。

竹 竿

籊籊①竹竿，以钓于淇。岂不尔思②？远莫致③之。
泉源④在左，淇水在右。女子有行⑤，远兄弟父母。
淇水在右，泉源在左。巧笑之瑳⑥，佩玉之傩⑦。
淇水滺滺⑧，桧楫⑨松⑩舟。驾⑪言出游，以写⑫我忧。

【注释】

①籊籊（dí）：长而尖的样子。

②尔思：思念你。

③致：到达。

④泉源：水名。即百泉，在卫之西北，东南流入淇水。

⑤行：规矩，妇人出嫁的规矩，也指出嫁。

⑥瑳：玉色洁白。

⑦傩：通娜。婀娜、袅娜。

⑧滺：悠悠，河水荡漾的样子。

⑨桧楫：用桧木做的船桨。

⑩松：木名。

⑪驾：原来指驾车，这里指划船。

⑫写：解除、消除。

【赏析】

这首诗是写一位男子隔水相思的恋情。

全诗共分四章。首章先后用竹竿长又长，路途远又远象征女子的圣洁不可仰攀，不可接近。次章、三章迭咏写男子对所爱的女子"爱之至"盼望娶到她，其中"巧笑之瑳，佩玉之傩"是写男子隔水看到女子的情景，女子笑着露出小酒窝，佩带着美丽的玉，多么婀娜多姿啊！而最终是用"驾言出游，以写我忧"（只能划着小船出游，来消除我心中的忧愁相思之苦）。可望不可及的结果作结，咏叹依依作别，以表示内心无可奈何的情绪。

全诗各章章末反复唱诵女子追踪不及，空留下缥缈的缠绵慕情，意味隽永，是写男子单相思的佳作。

芄 兰

芄兰①之支，童子佩觿②。虽则佩觿，能不我知。容兮遂兮③，垂带
悸④兮。

芄兰之叶，童子佩韘⑤。虽则佩韘，能不我甲⑥。容兮遂兮，垂带悸兮。

【注释】

①芄（wán）兰：芄，蔓生植物，夏天开紫花，叶尖。
②觿（xī）：用角或骨做的结，成人的佩物。
③容兮遂兮：佩物下垂而摇摆的样子。
④悸：摆动。
⑤韘：古时候用玉、象骨或皮做成的环状套子，套在大拇指上，射
箭时用来勾弦，使指头不痛，不用时系在腰间。
⑥甲：亲近。

【赏析】

这首诗一向都说成是讽刺卫惠公年少无知，或讥讽那些无德无能而
好摆官僚架子的人，但看诗中童子佩带的饰物，又像是嘲弄那些不解风
情的少年男子的诗。

这个少年男子虽然佩带着尖锐似芄兰草的饰物，但他却还不知道这
玩意儿可以用来解开女子裙带的结呢！他还是情窦未开的少年郎啊！全
诗二章反复以女子口吻迭咏而出，那个佩戴饰物的少年，为什么他不能
与我相识，不和我来相会相亲近呢？那长长的垂带摇摇摆摆地晃动，很
得意骄蛮的样子啊！这个不知解开女子裙带的男子啊！

外游之际结系对方衣带的习俗在我国汉代的古诗里也有"衣带日以
缓"。诗中的韘，形似芄兰叶，圆而尖削，作何用途虽不太清楚，或者
就像古时候所说的用来解带也不一定。全诗兼用兴赋的手法。

河 广

谁谓河①广，一苇②杭③之。谁谓宋远，跂④予望之。
谁谓河广，曾不容刀⑤。谁谓宋远，曾不崇朝⑥。

【注释】

①河：指黄河。

②一苇：苇，芦苇。

③杭：通"航"，渡。

④跂：通"企"字，提起脚跟站立。

⑤曾不容刀：曾不，即现在说的"并不"；意思是说刀薄，不容刀是说河非常容易渡过。

⑥曾不崇朝：崇，终，曾不崇朝，说不须过完一个早上即可到达。

【赏析】

卫文公的妹妹，嫁给宋桓公，生襄公，而后被遗弃，回到卫之后，思念她的孩子，而不得不回宋去探望，所以作此诗来抒发感情。按宋襄公的身世，卫已经迁徙到黄河之南，到宋不需要航渡，所以古时候的说法是错的。又有人以为是宋人侨居在卫地所作，我们认为是思念在宋的恋人而作的恋歌。

卫在黄河的北面，宋在黄河的南面。思恋的人在河的彼岸的宋，一叶苇舟不待终朝即可到达。人们都说宋地遥远，但留神想想，道途远近又如何呢？黄河是我国最辽阔的大河，渡河是件大事，而诗里面说"谁谓河广"，又说"一苇杭之"，说明渡河非常简单，语出惊人。"曾不容刀"又说明河非常狭窄，用反夸张的手法，不求客观事实的真相，只能表达心中意象，使人发生同感共鸣，较之真实更胜一筹。"谁谓宋远？曾不崇朝"，与李白的"朝辞白帝彩云间，千里江陵一日还"有异曲同工之妙。而这首诗说河不广，宋不远，诗人想念宋国的恋人，隔河眺望，欲行不得，因此作诗以来抒发感情，然而她为什么不前往呢？实际上大有原因，耐人寻思。

伯兮

伯兮朅兮①，邦之杰②兮，伯也执殳③，为王前驱④。
自伯之东，首如飞蓬⑤；岂无膏沐⑥，谁适为容⑦。
其雨其雨，杲杲出日⑧。愿言⑨思伯，甘心首疾⑩。
焉得谖草⑪？言树之背⑫，愿言思伯，使我心痗⑬。

【注释】

①伯兮朅兮：伯，妇人对她丈夫的称呼。朅：勇武的样子。

②杰：非常出众的人。

③殳：兵器名，杖类，长一丈二尺，不锋利。

④前驱：驱马在前，意思是先锋。

⑤飞蓬：蓬草遇风，即狂飞四散，比喻女子头上的乱发。

⑥膏沐：膏是润发的油，沐是洗头。

⑦谁适为容：适，主，谁适即谁主，也就是为谁，为容指打扮、化妆，意思是"我为谁而打扮呢"。或者译为"为取悦谁而打扮呢"都可以。

⑧其雨二句：上句是期望的意思，下句，杲，光亮的样子。

⑨愿言：念念不忘的意思，表示热烈的感情。或者解释为"沉思的样子"，都可以。

⑩甘心首疾：甘心、情愿的意思，首疾即头痛，意思是"虽想念你想得头痛，也是心甘情愿的"。

⑪谖草：即萱草、忘忧草。

⑫言树之背：言，而的意思；树是种植；背是北面，意思是说在房子的北面种忘忧草。

⑬痗：病。

【赏析】

《伯兮》和《周南》的《卷耳》，都是有名的妇人思念她远征丈夫的情诗。

首章欣喜自己的丈夫成为国家的栋梁之才，而因她是出征军人的家属，也有沾到几分光荣的感觉。二章以后急转直下，写日夜想念的丈夫出征到遥远的东方，自己独守闺房，却一味担忧，无心打扮，粉黛封尘，头发乱得如狂飞的蓬草。发乱表示爱情的衰竭，虽然有膏沐的资本，丈夫不在，也无心打扮。"其雨其雨，杲杲出日"两句是比兴兼用，说明女子极盼下雨，可是偏偏出了大太阳，比喻极盼丈夫回家，可是他始终不回来。又看见太阳为夫象，所以看见太阳就想念自己的丈夫。降雨是男子爱情犹在的象征，可惜直到今日仍然烈日炎炎。妇人悲伤郁闷之余，在房子北边种下忘忧草，把这一切都忘得干干净净吧！一片痴情，刻骨铭心，却又毫无一言怨情，半句恨意。

此诗值得一提的是，萱草原指黄花菜，现在俗称金针菜，并无善忘或忘忧的作用，但经过诗人点染形容后，却成为忘忧草。萱草又种在北堂，所以北堂也称萱堂，北堂、萱堂用来称呼母亲，便是诗的魔力。

有 狐

有狐绥绥①，在彼淇梁②。心之忧矣，之子无裳③。
有狐绥绥，在彼淇厉④。心之忧矣，之子无带⑤。
有狐绥绥，在彼淇侧。心之忧矣，之子无服⑥。

【注释】

① 绥绥：慢慢地走。
② 梁：用石头拦住水叫梁，就是拦河坝。
③ 裳：下身的衣服。
④ 厉：水浅的地方。
⑤ 带：束衣的带子。
⑥ 无服：没有衣服穿。

【赏析】

这首诗三章迭咏，每章的章法和句式都相似，只有地和物的名词略微改动了一些，使诗意有跳跃的效果，是三百篇中很常见的形式。诗借孤独的狐慢慢觅食而行，写丈夫远行在外正如野狐般在路途上奔波不息。"在彼淇梁"说明淇水非常浅，点明时节已进入寒冬，妇人正为他的衣着是否匮乏而担忧。狐向来给人的感觉是妖媚的，此处则特显狐的孤独性格和觅食时的警慎戒惧的神态。妇人想起丈夫也许正为下身衣服担忧可能连衣裳都成问题，心中不禁烦忧万分，唉！"欲寄征衣君不还，不寄征衣君又寒，寄与不寄间，妾身子万难！"男女两地远隔，对于女人来说，日夜牵挂着对方的寒暖，所以后世诗中表现女人相思的时候，常出现"寄衣"的意象。

木 瓜

投我以木瓜，报之以琼琚①。匪报也，永以为好②也。
投我以木桃③，报之以琼瑶④。匪报也，永以为好也。
投我以木李，报之以琼玖⑤。匪报也，永以为好也。

【注释】

①琼琚：琼，形容玉色美丽；琚，佩玉的一种。
②好：喜爱。
③木桃：桃子，下章的"木李"是李子的意思。
④瑶：美玉。
⑤玖：黑色的玉。

【赏析】

这诗篇写情人互相赠送东西以表爱情。

古时未婚的女子，可以向男子投掷瓜果以引起他的注意，那个被投瓜果的男子，如果也中意她，便解下腰间的佩玉来赠送她作为定情物，《木瓜》就是诗人歌咏这种古俗的风土诗，我们在《有梅》那首诗中也提到六朝的潘岳，风度翩翩是被女子投掷瓜果的好对象。汉秦嘉《留郡赠妇诗》有"诗人感木瓜，乃欲答瑶琼"，晋陆机为陆思远妇作诗"敢忘桃李陋，侧想瑶与琼"，已经将《木瓜》诗视为男女赠物了。而南朝宋人何承天《木瓜赋》更说"愿佳人之予投，想同归以托好。顾卫风之攸珍，虽琼瑶而匪报"，则以木瓜为定情诗！投桃报李的话，更证明这首诗的脍炙人口。

三章反复吟咏男女互赠，永结同心，情调优美而明朗畅快。

王 风

黍 离

彼黍离离①，彼稷②之苗，行迈靡靡③，中心摇摇④。知我者，谓我心忧，不知我者，谓我何求。悠悠苍天，此何人哉！

彼黍离离，彼稷之穗。行迈靡靡，中心如醉。知我者，谓我心忧，不知我者，谓我何求。悠悠苍天，此何人哉！

彼黍离离，彼稷之实。行迈靡靡，中心如噎⑤。知我者，谓我心忧，不知我者，谓我何求。悠悠苍天，此何人哉！

【注释】

①彼黍离离：黍（shǔ），小米；离离，下垂的样子。
②稷（jì）：高粱。
③行迈靡靡：行是道，迈是远行，行迈是在道上远行。靡靡形容迟迟，脚步蹒跚的样子。
④摇摇：心忧而不能自主。
⑤噎：食物塞住喉咙。

【赏析】

《黍离》是《王风》的首篇。周平王东迁洛邑，即历史上的东周，王畿在今洛阳一带，东周王畿境内的诗歌，就叫王风。这篇诗是写流浪者的忧愤，一个找不到出路而流落他乡的游子，触景生情，想到自己的悲惨遭遇，不禁悲愤交集。由感物而兴情，物与情融合为一！

关于这首诗，旧说周室东迁以后，有大夫旅行到达陕西镐京，看到镐京残破荒废已成废墟，原有的宗庙宫室都已成农夫的田地，种小米高粱，内心悲伤凄凉，彷徨不忍离去，写下了他的感慨和悲叹。郁郁不伸，忧愁满腹，是离乡背井漂泊者的悲歌。道途中漫无目标的旅行者，离去故土，将在何处求安居生存呢？不明白我内心真情的人以为我太苛求，只有少数知己能体会到我漂泊的忧心。

三章运用同一意象表现相似的感情，不过所见的高粱由苗变穗变实，可见旅行者漂泊的时间之久，心理感应由摇摇到如醉到如噎，层层递进，把那刻骨的忧郁一层一层地刻画得如同读者身临其境一样，细致而真切，令人回味无限！

迭字和类字类句的使用，很能加深伤时的情怀，是《诗经》中常见的手法。

君子于役

君子于役，不知其期。曷至哉？鸡栖于埘①，日之夕矣，羊牛下来②。君子于役，如之何勿思？

君子于役，不日不月③，曷其有佸④？鸡栖于桀⑤，日之夕矣，羊牛下括⑥。君子于役，苟⑦无饥渴。

【注释】

①埘（shí）：在墙壁上凿孔做成的鸡窝。

②下来：多在山陵等高处放牧牛羊，所以牛羊归来为下来。

③不日不月：意思是不能以日月计算，说明丈夫外出时间的长久。

④佸：聚会。

⑤桀：牲畜用的小木桩。

⑥下括：与下来的含义相同。

⑦苟：副词，有"且"、"或"、"也许"的意思。

【赏析】

这是一首妻子思念在远方长期服役，没有归期的丈夫的诗。"不知其期"和"不日不月"表示丈夫外出时间的长久，而"每当天色黄昏时，鸡进了窝，牛羊都回来了，也就是女子思念丈夫最殷切的时候"，黄昏风光，使得百般无聊的心绪出现那缠绵的往事，挥又挥不去，于是深情地呼喊着"如之何勿思"（怎么不想念呢？）。

相同的笔调，用相同的傍晚景色，低徊呢喃"什么时候才能与丈夫再相聚呢"。唉！在外面服役很久的丈夫，大概不会有什么忍饥受渴的情形吧？万般关爱情思，"知欲寄谁将"，很有寂寞无奈的含义，诗人借妇人的口吻说出来，倍加深切，尤其情景的交融，天衣无缝，又岂是

"言情写景，真实朴至"所能代表的？

扬 之 水

扬①之水，不流束薪②，彼其之子③，不与我戍申④，怀哉⑤怀哉，曷月予还归哉⑥！

扬之水，不流束楚，彼其之子，不与我戍甫。怀哉怀哉，曷月予还归哉！

扬之水，不流束蒲⑦。彼其之子，不与我戍许。怀哉怀哉，曷月予还归哉！

【注释】

①扬：激流。

②不流束薪：一捆薪柴是很轻的，河水虽急，却也无法把它冲走，正如自己在当时的环境中无所作为，连家室都无法团聚。薪和二章的楚、三章的蒲都指妻室的意思。

③彼其之子：彼、其，都是代名词；子，指远征的人所怀念的家人或妻子。

④申：平王母亲出生的国家，在今河南省信阳县。

⑤怀哉：想念啊！

⑥曷月予还归哉：要到哪一月我才能回去呢？

【赏析】

驻守远方的军人因为很久不能回归，眷怀故乡，思念家室，见流水而感叹，所以写了《扬之水》这样的诗篇。

三章采用排比的方法，反复吟咏，以加强思念的意象，除薪、楚、蒲和申、甫、许六字不同外，章法与句式内容都相同。借自然界的景，来兴起怀乡思人的缠绵情思；一捆薪柴是很轻的，河水虽急，却不把它冲走，用以表示自己在当时的环境中，无所作为，连家人都无法团聚，越想心中越是惆怅，终于"怀哉怀哉！曷日月予还归哉"，无可奈何地问苍天。

中谷有蓷

中谷有蓷①，暵②其乾矣。有女仳离③，嘅④其叹矣！嘅其叹矣，遇人之艰难⑤矣！

中谷有蓷，暵其修⑥矣。有女仳离，条其歗⑦矣！条其歗矣，遇人之不淑矣！

中谷有蓷，暵其湿⑧矣。有女仳离，啜⑨其泣矣！啜其泣矣，何嗟及矣⑩！

【注释】

①蓷（tuī）：益母草。

②暵（hàn）：干燥的样子。

③仳离：仳，分离。

④嘅（kǎi）：叹息的声音。

⑤艰难：不幸。

⑥修：干枯。

⑦条其歗（xiào）：条，相貌；歗，出声。

⑧湿：这里指快要干了。

⑨啜：哭泣。

⑩何嗟及矣：表示悔恨的词，意思是"嗟叹怎么来得及呢"。

【赏析】

"中谷有蓷"写弃妇悲痛，又无处诉苦而自叹没遇到好人！

诗依然以三章反复吟咏的手法，哀叹之意一章深似一章。先用谷中的益母草枯萎起兴，来比喻妇人遭弃，悲叹哀泣，更见容貌憔悴枯黄的可悲，各章写她的凄苦状态均不相同，由"嘅叹"到"条歗"，由"条歗"到"啜泣"，直到最后到了无可奈何的低吟："嗟何及矣！"收音低沉而急促，把弃妇的情绪变化，刻画得生动万分。

诗中靠四五言句法的转换，造成韵律的转化而与情绪相对应。每章的四句、五句重复，更加快了这种情绪上的感应。

日本学者白川静氏以为本诗的别离是人死后的离别。白氏以为"以生长荣茂的草木为祝颂的构思动机，本该有充满生命活力的表现的；而今却枯干瘦黄，暗示不祥之兆。诗里面的悲叹别离之不幸，非常明显，决定不幸的关键是什么？我们看'不淑'一语的解释：《礼记》哀悼慰问的礼貌用语叫做'不淑'，而且西周时期的金文，王吊慰家臣不幸时多用'不淑'的语句。依照《礼记》的例子，不淑意思指死亡，汉代学者自然也就明白了，然而旧说为赋予政治性的解释，所以故意忽视了此种解释。本诗的别离非生别，而是死别的意思。"分析得很有道理，列此以作参考。

兔 爰

有兔爰爰①，雉离于罗②。我生之初，尚无为③；我生之后，逢此百罹！尚寐无吪④！

有兔爰爰，雉离于罦⑤。我生之初，尚无造⑥；我生之后，逢此百忧，尚寐无觉！

有兔爰爰，雉离于罿⑦。我生之初，尚无庸⑧；我生之后，逢此百凶，尚寐无聪⑨！

【注释】

①爰（huǎn）爰：即缓缓而行，形容走路从容不迫。
②雉离于罗：离，通"罹"，遭到；罗，网。
③为：作为，指军役的事。
④尚寐无吪：尚，希望的意思；吪，动：意思是"还是睡着了一动也不动的好"，言外之意"不如死了的好"。因寐即有"长眠"的意思。
⑤罦（fú）：是一种带有机轮的捕鸟网。
⑥造：为，也指劳役。
⑦罿（tóng）：与罦同物而异名。
⑧庸：指军事或劳役。
⑨聪：听觉。

【赏析】

本诗是国风中的生活、社会诗，他们所歌吟的大多是悲哀，很少有喜悦，怨伤多于欢欣，又有倾诉穷顿困乏，浪荡流离者的哀愤之情。

《兔爰》诗是周朝末叶的百姓，由于伤于乱世生命毫无保障，无可逃避剥削徭役的痛苦和悲鸣。诗所以流传百世，是因为它引起了广大人民群众的共鸣，意义深长。

诗人借狡猾的兔子脱离罗网，而耿直的雉鸟反而陷落其中，衬托对比当时社会的是非不明，黑白不分。接着回忆过去的世态清明而叹息现在的混浊苦难，使自己消极厌世，恨不得一死了之。"尚寐无吪"表现了诗人极端的厌世之情，虽说"还是睡着了一动也不动的好"，言外却有"不如死去的好"，这是乱世中的人民必然的观念，当一个人痛苦百端，无法解脱，只有一死了之，以死为快，乱世之民，根本没有安居乐业的观念。如果说在乱世，应当树立积极的意念，拨乱反正，然而那只是极少数有抱负的人的志气，无法寄希望于一般平民，此诗只是一般平民的真实心理写照而已。

古人每逢命运遭受苦难时，大多是借酒忘忧，只有"兔爰"在睡眠中才能寻取短促的解脱，长睡不醒是不可能的，于是借酒消愁，但愿长醉不醒，但一醉真能解千愁吗？

采 葛

彼采葛兮，一日不见，如三月兮！
彼采萧①兮，一日不见，如三秋②兮！
彼采艾③兮，一日不见，如三岁兮！

【注释】

①萧：蒿，又名荻，多年生草本植物，茎高二厘米到四厘米、四公分，白色软毛，分枝极多，线形叶，可用来祭祀。

②三秋：秋季三个月，即孟秋、仲秋、季秋；或是三年，即三次秋天，但就此诗的进展路线看三秋刚在三月和三岁之间，解为三个月或三年都不妥，或该为"三季"，以秋代表相思的季节吧！

③艾：蒿属，晒干之后可以用来治病。

【赏析】

这是首男女相思的恋歌，相恋中的男女，时时刻刻两心相系相伴，一会儿不见，则焦躁如隔岁月。

本诗用直述的方法，借现实时间（一日）与心理感觉的时间（三月、三秋、三岁）的夸张对比，写男女相恋的情绪，张力很强。采葛、采萧、采艾并非指三个女子，而是诗人的恋人，一个时而采葛、时而采萧、时而采艾的女子而已。如《诗经》中常借摘草来表达恋爱的情境，大概古代有摘草能与远离者的心灵产生交感的风俗吧！

大　车

大车①槛槛②，毳③衣如菼④。岂不尔思？畏子不敢。
大车哼哼⑤，毳衣如璊⑥。岂不尔思？畏子不奔。
榖⑦则异室，死则同穴。谓予不信，有如皦⑧日。

【注释】

①大车：一种用牛拉载重物的车。
②槛（kǎn）槛：大车行进时的声音。
③毳（cuì）：毡子一类的毛织物。
④菼：是芦荻的初生者，颜色在青白之间。
⑤哼哼：形容车走时候的象声词，由这种声音可以看出车的笨重。
⑥璊（mén）：赤色的玉。
⑦榖：生。
⑧皦：明亮的。

【赏析】

这是一首恋歌，应该是"女子有所慕而不得遂其志之诗"。作者是女子的口吻，她很想同她所爱的男子私奔，但她不知道那个男子心里是怎么想的，所以她又有些畏惧而不敢去找他。

这首诗意思纷纭，但好像都没领略到本诗的真正妙处所在，看诗中原文，本诗应该是"女子有所爱慕而不得遂其志之诗"。

前两章内容相似，写一个女子看到心所爱慕的人乘车而行，穿着像菼草一样的"毳衣"，想和他相见，却怕他不接受，一片情思深藏心中不敢吐露，心中懊恼悔恨。

第三章她指天发誓表示她对恋爱的真挚忠诚，虽然她不能和他同室而生，希望和他死后同葬一穴，又怕他不相信，只有指着太阳发誓了："如果认为我的话靠不住，有明亮的太阳为证……"，炽烈的痴情又可爱又可怜。

丘中有麻

丘中有麻，彼留子嗟①。彼留子嗟，将其来施施②。
丘中有麦，彼留子国③。彼留子国，将其来食④。
丘中有李，彼留之子。彼留之子⑤，贻我佩玖。

【注释】

①彼留子嗟：留，即后来的刘姓；子嗟是男子名。
②将其来施施：将，发语词，有希望的意思；其，他；施施，应单作施，赠送礼物的意思。
③子国：男子名。
④食：赠送食物给人家吃。
⑤之子：男子的笼统称呼。

【赏析】

《丘中有麻》依毛亨、郑玄的说法，是周庄王时，人民思慕被放逐的贤大夫的歌；朱熹的说法则是女人忧虑丈夫移情别恋的诗，但都没有确切的证据。依据诗的原文玩味很浓这一点来推断，这首诗应该是描述一位女子爱慕男士，期望他来相聚，最后得到他的馈赠后，欢欣鼓舞的情景。本诗写的正是期待时的烦闷和欢聚时的喜悦。

诗的前两章写她所爱慕的男士就住在山丘中近麻园处，她期待着他来赠送礼物给她，表现了她等待的焦灼与烦闷，情人来了，并赠我"佩玖"，欢喜颜开，展现了恋爱中少女的情怀，忧喜之情活泼逼真地被刻画出来了。

郑 风

将 仲 子

将仲子^①兮，无逾我里，无折我树杞^②。岂敢爱之？畏我父母！仲可怀^③也，父母之言，亦可畏也。

将仲子兮，无逾我墙，无折我树桑。岂敢爱之？畏我诸兄。仲可怀也，诸兄之言，亦可畏也。

将仲子兮，无逾我园，无折我树檀。岂敢爱之？畏人之多言。仲可怀也，人之多言，亦可畏也。

【注释】

①仲子：男子的字。

②树杞：即杞树，下面两章的树桑、树檀，都为桑树、檀树的意思，为搭配韵律，所以倒装过来了。

③怀：爱恋，思念。

【赏析】

郑风大多是约会的诗歌，《将仲子》是很具代表性的一首。

这是一首女子赠男子的情诗，女子婉劝其心爱的男子不可表现过于放肆，以免被父母兄弟以及乡里所耻笑、所责备。本诗采用倾诉的方式，三章的内容与形式基本相同，大概这位男子常常攀墙爬树地偷偷来与佳人相会，偷偷而来的男子怪可怜的，深怕被人发觉，女子左右为难，拿不定主意，只有通过作诗来缓解内心的矛盾和挣扎，说出自己的情爱之心。

"仲子啊！希望你不要攀越我的宅院，不要折毁我的杞树（桑树、檀树），并不是我舍不得那些树，怕的是父母的斥责（兄弟的讥讽、邻里的耻笑），仲子，虽然我们是可以恋爱的，但是父母的斥责也是可怕的啊！"

男女相爱，女子能克守礼制，拒绝男友过分热情的追求，真乃"发乎情，止乎礼"！

女曰鸡鸣

女曰："鸡鸣。"士①曰："昧旦②。"子兴③视夜④，明星⑤有烂⑥。将翱将翔⑦，弋⑧凫与雁。

弋言加⑨之，与子宜⑩之。宜言饮酒，与子偕老。琴瑟在御⑪，莫不静⑫好。

知子之来⑬之，杂佩⑭以赠之。知子之顺⑮之，杂佩以问⑯之。知子之好之，杂佩以报之。

【注释】

①士：男子的称呼，多指未婚男子。

②昧旦：天色将明未明的时候。

③兴：起，指起床。

④视夜：察看夜色。

⑤明星：启明星。

⑥有烂：明亮。

⑦将翱将翔：小鸟飞翔的样子。

⑧弋：射箭，以带丝绳的线系着箭。

⑨加：射中。

⑩宜：佳肴，做成佳肴。这里作动词。

⑪御：演奏。

⑫静：美好。

⑬来：读为劳，抚慰的意思。

⑭杂佩：玉佩。用各种佩玉构成，称杂佩。

⑮顺：和顺、柔美。

⑯问：慰问、赠送。

【赏析】

本诗是一首幽会的恋歌，意义比较简单，写了一对猎人夫妇，每天早早地起床，一起高兴地去狩猎，相互关心、爱慕。

全诗共分三章，第一章写天还未亮，启明星还在闪闪发光，但公鸡已经叫了，姑娘感觉野鸭野鸡就要飞来了，不要错过了好时机，快把弓拿来。第二章写狩到猎物后两人高兴地对酒当歌。第三章写两个人的感情很深，恩爱美好，永结同心。

诗中的情绪变化巧妙，不留痕迹，不愧为一首好诗！

有女同车

有女同车，颜如舜①华，将翱将翔，佩玉琼琚。彼美孟姜，洵美且都②。

有女同行，颜如舜英③，将翱将翔，佩玉将将④，彼美孟姜，德音不忘⑤。

【注释】

①舜：木槿树。
②洵美且都：洵，相信、真实；都，悠闲雅致。
③英：华丽。
④将将：玉相碰发出的声音。
⑤德音不忘：《诗经》中出现德音的地方很多，归纳起来共有两层意思义：一指他人的言语，一指声誉，此处指声誉。

【赏析】

本诗是写男子赞美他妻子的诗，诗中有"有女同车"的话，应当为夫妇，而不是指外遇，古时私奔男女不能公然同车。

全诗两章都在写与妻子一起出游，赞美妻子"洵美且都"，以佩玉来显现她服饰的华丽，以"佩玉将将"来烘托她的端庄守礼和美丽高雅。

诗中的翱翔二字都有"羽"做偏旁，意思是自己美人好像羽毛一样美丽，在空中翱翔，《神女赋》中"婉若游龙乘云翔"、《洛神赋》中"若将飞而未翔"等大概都是从此处引申而出。

狡 童

彼狡童兮，不与我言兮，维子之故，使我不能餐兮！

彼狡童兮，不与我食①兮，维子之故，使我不能息②兮！

【注释】

①不与我食：不和我一起吃饭。

②使我不能息：息，喘息；整句意思是：使我气得喘不出气来。

【赏析】

这是青年情侣闹别扭，女子爱恨交加的诗。诗人用女子的口吻，表现了一个性情倔强的女子和男友呕气的情景，女子因为她所爱的花花公子不同她在一起，竟然寝食难安。

首章写两人共餐，因男友不说话，她就气得连饭也吃不下，并破口大骂，表现了女子火辣、直肠子的个性，恨不得把心掏出来给对方看，热情女郎性格刚强，却坦率得可爱：

"好个坏小子，竟然不和我说话，为了你的缘故，叫我饭也吃不下！"

次章写女子在餐桌上把男友骂走了，她更气得喘不出气来，而不肯检点自己行为的过火：

"好个坏小子，竟然不和我一起吃饭了！因为你的缘故，气得我喘不过气来！"

作者借她的自言自语，不但成功地表现了她的情感，而且对她性格刚烈描写得非常成功，使她的个性、神态都呼之欲出。

这里我们撇开古时的说法不谈，单说玩味诗篇本文，也是诗人写女恋男的诗，男的不睬女的，女的便出口骂人，虽说骂人也是热爱的表现，但毕竟不够温柔敦厚，也正显露了女子强烈的性格，是一首很成功的写实恋歌。

全诗两章都用四言、五言、四言、六言的句法。

褰 裳

子惠①思我，褰②裳涉③溱④。子不我思，岂无他人？狂童之狂也且⑤！

子惠思我，褰裳涉洧⑥。子不我思，岂无他士？狂童之狂也且！

①惠：喜爱。

②褰：揭起。

③涉：渡水。

④溱：郑国水名。

⑤且：助词。

⑥洧：郑国水名。

【赏析】

这是一首女子和她所爱的男子调笑的情歌，显现出一副撒娇和打情骂俏的姿态。

诗人写女子的俏骂，说她所爱的男子如果不来，她就要和别人好了，两章反复迭咏，内容形式都相同。首章诗人借女子口气说"如果你真是爱我想念我，你就会提起下裙，涉过溱水，到我这儿来；你要是对我没了感情，不想念我，难道我就没别人会看中？你真是个糊涂虫啊！"

表现方法都是白描的赋体，一段痛快淋漓的俏骂，把一个活泼可爱而任性的郑国少女，写得纯真而不造作，娇憨而热情，生动绝伦。

丰

子之丰①兮，俟我乎巷兮，悔予不送兮！
子之昌②兮，俟我乎堂兮，悔予不将③兮！
衣锦褧④衣，裳锦褧裳。叔兮伯兮，驾予与行。
裳锦褧裳，衣锦褧衣。叔兮伯兮，驾予与归。

【注释】

①丰：容貌丰满好看。

②昌：美好的样子。

③将：送。

④褧（jiǒng）：古代女子出嫁时防风尘用的麻布罩衣。

【赏析】

"你容貌英俊，仪表堂堂，约我在门外路边见面。只恨我当时没出来送一送你，表示情愿。"

"你气宇轩昂，风度翩翩，约我在厅堂里见面，真后悔，我当时没有出来送一送你，表示衷肠。"

"穿上我的锦衣，罩着我的裳衣；穿上我的锦裳，罩着我的裳裳，大哥哟大哥哟（伯、与叔都为女人对男人的昵称），只要你愿意，准备好你的马匹，我将跟你一起完婚。"

诗人真是把迟婚女子的心理刻画得入骨三分、维妙维肖。（当男子追求她的时候，她自视甚高，不予理睬，到后来却后悔了，反要人家准备好车马去迎娶她。）诗人的妙笔写后悔失去良机的女子的心理，令人觉得诗中的女主角既可爱又可怜。

"俟我乎堂兮"的"堂"，《毛诗序》没有注释，意思就是用"堂"的一般意义，即"他在厅堂里等我（约我在厅堂里见面）"；郑笺说"堂"应当解释为"枨"，门两旁的木头，所以这句话就解释为"他在门柱那里等我"，郑玄的理论是等候的人应当在室外，第一章有"俟我乎巷兮"，所以本章当是"俟我乎枨兮"，感觉很合理，但是没有足够的证据证明这样读，仅做参考而已。

东门之墠

东门之墠①，茹藘②在阪③，其室则迩④，其人甚远。

东门之栗，有践⑤家室，岂不尔思？子不我即。

【注释】

①墠（shàn）：打扫整洁的广场。

②茹藘（rú lǘ）：茜草，多年生蔓草，根部可作红色染料。

③阪：通坂，斜坡的意思。

④迩：近处。两句话是说只能看见他的居室，却看不见他，有咫尺天涯的意思。

⑤有践：形容房舍的整齐。

【赏析】

这是写男女相思的诗,《毛诗序》说:"东门之墠,刺礼也? 男女有不待礼而奔者也?"朱熹也这样认为。

而历来又多以为是女子思念男子的诗,郑风虽多女恋男的诗词,但细细体会本诗就可以看出本诗的蕴意:首章写道:"室迩人远",明显是男子向女子求爱之词;次章:"子不我即",是女子守望男子的心态,所以本诗实际是男女相思的恋歌!

两章都以写实的手法,除"室迩人远"、"子不我即",是男女相思的诗句外,手法大多相近。思念对方,遥望他(她)家,先景后情,借景中的物可以看出路途很近,屋子就在眼前,可是恪于礼教,无法向他去诉衷肠,所以说人远,有咫尺天涯之感,这是把两种互相矛盾的事物摆在一起,由它们的冲突产生的那一刹那的闪光("室迩"、"人远"的两极碰撞而显现),把相思不能相见的男女那份孤独、寂寞和空虚感全部揭开了。

全诗真情流露,不露斧凿,虽略带有怨意,却"哀而不伤,怨而不怒"。

风 雨

风雨凄凄①,鸡鸣喈喈②。既见君子,云胡不夷③?
风雨潇潇④,鸡鸣胶胶。既见君子,云胡不瘳?
风雨如晦⑤,鸡鸣不已⑥。既见君子,云胡不喜?

【注释】

①凄凄:寒凉。
②喈喈(jiē):与下文的"胶胶"都是形容鸡鸣的拟声语。
③云胡不夷:云,句首语气词。胡,为什么。夷,喜悦。
④潇潇:又猛又急的风声雨声。
⑤如晦:昏暗,好像夜晚。
⑥已:止。

【赏析】

这首诗《毛诗序》认为是赞美不屈于恶劣环境的贤人,朱熹认为是写淫乱私奔的诗，屈万里认为是男女约会的诗。但就诗本身看，这可能是首情诗：丈夫出门在外很久；预定这一天回家，不料天公不作美，竟是风雨交加，妻子独守空闺，正孤独无聊，担心狂风暴雨阻碍他行程的时间，忽然听见群鸡齐鸣，而所等待的丈夫竟冒着狂风暴雨连夜赶回家，于是妻子内心充满了喜悦、幸福与安全的感觉，顿时便驱走了恐惧和孤寂。

"君子"两字原本是对贵族子弟的称呼，后来转变为对有德行之人的尊称，而在《诗经》中，女子往往以君子来称呼丈夫。

诗人以赋的手法，三章反复写同一情景，在气氛的传达方面特别成功，在暴风雨侵袭，黑暗笼罩，人们彷徨无主的时代，"风雨如晦，鸡鸣不已"常被引用来鼓舞人心，冲破黑暗，迎接黎明！人们受到这两句诗的感染，定会有重新振作，坚定意志，继续奋斗的一股力量产生出来。我们读到这首诗，也像诗中主人那样获得了无比的欣喜！

姚际恒说首章"喈喈"是头鸡啼（初号），二章"胶胶"是二鸡啼（再号），三章"不已"是三鸡啼（三号），三鸡啼便是黎明时分了，以此暗示，传达丈夫适时归来的喜悦气氛是再恰当不过了。

值得注意的是各章选字的运用，很能增强所要表现的气势。在"未见君子"的状态下"凄凄潇潇"的风雨声中，鸡声啼鸣表示爱情的动摇，承接"既见君子"后，此诗表现出了安详的情绪。且各章第三句"既见君子"，同一语言的出现，和第四句"云胡"的连用排比，使"夷"、"瘳"、"喜"等内心世界的气氛、情调，更谐和、更柔美，与女主角的内心非常相称。

子 衿

青青子衿①，悠悠我心，纵②我不往，子宁不嗣音③？
青青子佩，悠悠我思，纵我不往，子宁不来？
挑兮达兮④，在城阙⑤兮。一日不见，如三月兮。

【注释】

①衿（jīn）：衣领。
②纵：即使。

③子宁不嗣音：宁，为什么。嗣音，以音来问。

④挑兮达兮：往来徘徊，走来走去的样子。

⑤城阙：城门外左右两边的楼台。

【赏析】

这是一首表现女子情思的诗歌，少女与少男在恋爱过程中，男女相约在某处见面，然后一起到城楼去游览，但少女迟到了，男友已经回去了，没有留话给她，所以她责斥男友"纵我不往，子宁不嗣音？"照她推想，男友先到城楼等她，但赶到时，竟无男友踪影，大概是少年不愿等待，一生气就走了，于是女孩在失恋的痛苦之中，一心思念那青衿青佩的男子，穷极无聊，满腔郁闷无法排遣，脑海中浮现的男孩影子，那套他在约会时经常穿的青色领襟的衣服，样子格外鲜明。现在一天不见他，就觉得像分别了三个月那样难以忍受。

诗人描绘出一幅痴情少女的神态，焦急而矜持的表情，那样生动，那样鲜明。首章和次章，诗人写她的心境、情思，有痴情的描摹，有矜持的暗示，由于男友赌气走了，这时的她非常焦灼无助，多么希望男友回头来找她，和她说说话，那一切都会云开雾散的。但他却连影子都不见，她终于忍不住，到相约游览的城楼，踯躅徘徊，盼望着少年也在那儿出现。

最后一章写她在城楼上徘徊的心情，责怪男友没有给她留下任何消息，她徘徊又徘徊，还是不能离去，感情如溃堤的洪水，把矜持冲毁了，终于把自己焦急的心思赤裸裸地抖露出来，口上说的"悠悠我思"的苦味，这次是真的体会到了。

诗里的"城阙"大概是少男少女经常约会见面的地方。原来古时城门外设有左右两座台，上面建造楼观，楼观上端圆，下端方，由于中央空缺，所以称"阙"；又因为可以远望，所以称"观"。诗里的少女就是登上这样的"城阙"，去等待她的情人，诗的高潮却在"一日不见，如三月兮"的转折间，戛然而止，留给我们运用想象和推断去补足作品中所没有表现的部分，去体会那诗歌之外的意味，言外之意与弦外之音，是我们欣赏文学作品所要培养的能力，也是我们欣赏文学作品时所享受的乐趣。

出其东门

出其东门，有女如云①；虽则如云，匪我思存②。缟衣綦巾③，聊乐我员④。

出其闉阇⑤，有女如荼⑥，虽则如荼，匪我思且。缟衣茹藘，聊可与娱。

【注释】

①如云：众多的样子。

②思存：思念的意思。

③缟衣綦巾：缟，缟衣，白色的衣服。綦巾，灰白色的佩巾。两者都是未出嫁女人的服饰。

④员：语尾助词，但韩诗"员"通作"魂"，解释为"精神"，比较容易理解。

⑤闉阇（yīn dū）：闉，是在城墙主体的外面，围绕而筑的小城，又叫瓮城。阇，城门台。

⑥如荼：荼，开白色花的茅草。如荼，是说有许多穿着白色衣服的女子。

【赏析】

《毛诗序》认为这首诗是哀诉乱世流浪在外的女人；朱熹认为是写男子在淫乱的风俗中，仍能自持，不轻浮；屈万里认为是歌颂男子爱情专一的诗，比较接近诗意。

这首情诗写男人思念女子，看到东门外很多漂亮的女子，但都不是他想念的，只有那个"缟衣綦巾"，衣着简朴的女子，才是他所喜爱的人。

诗人用直赋的手法，歌颂他的爱情专一，虽在繁华的都市，处身美女如云的环境，但他依然无动于衷，心里只有装扮朴素白衣苍襟的糟糠之妻。方玉润则认为不为动是矫情，但女子打扮得妖娆，不但不美，反遭人厌恶，若有内在美者，虽白衣青巾，也自有风韵，见色不动心，未必真的是矫情。

本诗与《野有蔓草》刚好形成对比。

野有蔓草

野有蔓草①，零②露漙③兮。有美一人，清扬④婉⑤兮，邂逅⑥相遇，适⑦我愿兮。

野有蔓草，零露瀼瀼⑧。有美一人，婉如清扬，邂逅相遇，与子偕臧⑨。

【注释】

①蔓草：蔓生的草。

②零：落。

③漙（tuán）：圆。

④清扬：形容女姓眉清目秀的状语，《诗经》中很常见，可能是古代成语。

⑤婉：美好。

⑥邂逅：意外相遇。

⑦适：合。

⑧瀼瀼：露水很大的样子。

⑨臧：与"藏"同义，指"藏在僻静的地方"。

【赏析】

《野有蔓草》刻画出男子看见漂亮女子时，一见钟情时痴恋的狂态。《毛诗序》认为是年轻人思念情人的歌，朱熹认为是男女在野外相遇，互相倾慕的诗。诗中确实有惊艳的描述，两章迭咏，感叹拨开露水的蔓草，邂逅之喜的心情，赞美女子的漂亮，一副水汪汪的大眼睛！真能引人入胜，如见其人。

诗写野草零露，那是个重露季节，应该是秋天吧！取草得露润泽的意思，象征男女邂逅，一见钟情两厢情愿的痴恋狂态，感情的满足愉悦，心绪好像得到了甘泉的灌溉，意味醇浓，令人咀嚼再三，甘津不绝。两章的末句，是传神之笔。

首章的"清扬婉兮"，二章倒转成"婉如清扬"，《诗经》中常用倒转的词来完成韵律，例如《桃夭》的"室家"，倒转成"家室"；像《小雅·鱼丽》的"旨且多"，颠倒为"多且旨"，本篇的"婉如清扬"不是唯一的例子。

溱 洧

溱与洧，方涣涣①兮，士与女，方秉蕳②兮。女曰："观乎?"士曰："既且③。""且往观乎? 洧之外，洵吁且乐④。"维士与女，伊其相谑⑤，赠之以勺药⑥。

溱与洧，浏⑦其清矣，士与女，殷其盈⑧矣。女曰："观乎?"士曰："既且。""且往观乎洧之外，洵吁且乐。"维士与女，伊其将⑨谑。赠之以勺药。

【注释】

①涣涣：流水盛大的样子。

②蕳：兰草。

③既且：已经去过了，且通"徂"字。

④洵吁且乐：洵，确、诚然；吁，大；乐，意思是好玩；此处的意思是：的确又宽广又好玩"。

⑤谑：戏谑，调笑。

⑥勺药：香草名，即木本芍药，三月开花，花色可爱。

⑦浏：深。

⑧盈：满。

⑨将：大。

【赏析】

本诗二章迭咏。到了冬冰解冻，春水融融的二月，男女成群，摘花戴草。春日仪式结束之后，女子引诱男子出游，混入人群的浪潮，载歌载舞，这种情感自由放任，充满欢欣喜乐的春日仪式，原来是振奋心魂的仪礼，在季节更变的时候举行这种仪式，希望求得新生的力量。根据韩诗的说法，郑国的风俗，每逢二月上旬，大家都到溱水和洧水边，采摘兰花，招魂续魄，破除不祥，所以诗人愿与大家一起观看。但看此诗写男女欢聚的盛况，好像是旁观者的语气，恐怕不是诗中人物的作品。

诗两章形式和内容都重复，是三言、四言夹杂的诗。以旁观者的眼光，叙述与对话兼用，把男女春游，欢笑嬉戏的镜头展现出来。

诗中的勺药，有的说法不是今天的芍药。《释文》引韩诗上的话："勺药，离草也；意思是离别的时候赠送此草。"本诗每章末，是男女野游回来即将离别的时候，所以有"赠之以勺药"的说法，勺药有草本、木本两种，草本勺药即将离，木本勺药即牡丹，河南盛产牡丹，本诗所说的，是木勺药，也就是牡丹。

齐 风

鸡 鸣

鸡既①鸣矣，朝②既盈矣。匪鸡则③鸣，苍蝇之声。

东方明矣，朝既昌④矣。匪东方则明，月出之光。

虫飞薨薨⑤，甘⑥与子同梦⑦。会⑧且归矣，无庶予子憎⑨。

【注释】

①既：已经。

②朝：早晨。

③则：就。

④昌：昌盛，意味人多。

⑤薨薨：虫子飞时发出的嗡鸣声。

⑥甘：但愿。

⑦同梦：一起进入梦乡。

⑧会：幽会。

⑨无庶予子憎：不要让人讨厌我们。庶，众。

【赏析】

本诗看似一首男女幽会的情诗，三章的前两句均写出了女子惊慌的神态，想马上起床，而每章的后两句均写男子的恋床情节，艺术上一惊一答，诙谐幽默，非常富有生活气息。

而妻子催促丈夫早起去朝会，同时也意在讽刺在朝者的荒淫怠惰。

著

俟我于着乎而①，充耳以素②乎而，尚之以琼华③乎而。

俟我于庭乎而，充耳以青乎而，尚之以琼莹④乎而。

俟我于堂乎而，充耳以黄乎而，尚之以琼英乎而。

【注释】

①着乎而：门与屏之间，正门内两塾之间的地方。

②充耳以素：充耳，古人用玉做冠饰，下垂至耳旁和塞耳差不多，玉叫填，系上绳，那绳子叫鋐，合起来叫充耳。以素，用素色鋐，下二章以青、以黄，是用青色鋐，用黄色鋐的意思。

③琼华：用玉雕刻而成的花。

④琼莹：莹为荣的通假字，也是花的意思，下章的琼英也是花的意思，与琼华的意思相同。

【赏析】

"著"是女子出嫁到男家时郎君身着盛装，所作的一首诗，三章迭咏，各句末端附加助词"乎而"，使整首诗呈现轻盈优美的气氛，有喜悦的情调。诗写新郎迎娶新娘回家，在大门内侧等她，然后带她到门庭，最后进入大厅堂行周公之礼。写新郎不写他的容貌，但写他的冠饰，所以可见结婚那天新郎衣服非常漂亮。三章所写充耳以素、以青、以黄，与尚之以琼华、琼莹、琼英，从中可以略知道一点《诗经》时代的结婚习俗礼制以及当时的服色。

东方之日

东方之日兮，彼姝者子，在我室兮。在我室兮，履我①即②兮。
东方之月兮，彼姝者子，在我闼③兮。在我闼兮，履我发④兮。

【注释】

①履我：履，追随；履我，追随我的行迹。

②即：就。

③闼：屋子。

④发：行。

【赏析】

很多人认为此诗是男子幻想着和一美女相会的情诗，但我们从诗中却丝毫也看不出想象的痕迹，所以应当是诗人新婚，在洞房之中，看着貌美的新娘，内心喜不自胜，唱歌赞美她。

诗人赞美新娘美丽，如太阳红光满面，如月亮温柔皓洁，前两句呈现给读者的是一位美貌娇娘，第三句才点出是他娶来的新娘——在我室兮，在我闼兮。"闼"字的本义是"门"，可以引申而指"屋子"，《淮南子·齐俗篇》有"广厦阔屋，连闼通房，人之所安也"的话，明明是指"闼"为"屋子"而不是指"门"，本篇的"闼"也是一样，这句是"那个美丽的人在我屋子里"，这样和第一章"在我室兮"的话完全相吻合。

诗人善用比喻，又擅长描写，以太阳、月亮比喻容貌，不但见新娘外表的美，连她脸上的色泽、光辉，内心的雀跃、温和与纯洁都涵盖无余。"在我室兮，履我即兮（随我的行迹而与我相依偎）"，"在我闼兮，履我发兮（跟着我的行迹而行走）"更透露出新婚之夜的快乐甜蜜。各章三句、四句的重复，更把那份新婚喜悦之情，恰如其分地传达出来。

东方未明

东方未明，颠倒衣裳。颠之倒之，自公①召之。
东方未晞②，颠倒裳衣。倒之颠之，自公令之。
折柳樊③圃，狂夫④瞿瞿⑤。不能辰夜⑥，不夙⑦则莫。

【注释】

①公：公家。这里指国君。
②晞：破晓，天刚亮。
③樊：藩篱，篱笆。
④狂夫：又凶又狠的监工。
⑤瞿瞿：瞪着眼睛怒视的样子。
⑥不能辰夜：指不能掌握时间。
⑦夙：早晨，这里指时间早。

【赏析】

这首诗意义明朗，是百姓痛斥朝廷官吏的怨苦之作。
本诗共三章，前两章的意思一样，均写天还没亮，就有人来喊去做工，于是胡乱地穿上衣服。最后一章写疯狂的监工大叫，怒斥劳苦工人不能按时上工。

它讽刺国家的号令没有规矩，百姓不分早晚地干活来服徭役，受监视。

南 山

南山崔崔①，雄狐绥绥②。鲁道③有荡④，齐子⑤由归。既曰归止，曷又怀止？

葛屦⑥五两⑦，冠绥⑧双止。鲁道有荡，齐子庸止。既曰庸⑨止，曷又从⑩止？

芝⑪麻如之何？衡从⑫其亩。取妻如之何？必告父母。既曰告⑬止，曷又鞠⑭止？

析薪如之何？匪斧不克。取妻如之何？匪媒不得。既曰得止，曷又极⑮止？

【注释】

①崔崔：山势高峻的样子。

②绥绥：毛色舒展，求偶的样子。

③鲁道：通望鲁国的大道。

④荡：平坦。

⑤齐子：指鲁桓公的夫人文姜。

⑥屦（jù）：麻、葛等制成的单底鞋。

⑦五两：五，通伍，并列；两，通俩。

⑧绥（ruí）：帽带结在下巴下面下垂的部分。

⑨庸：用，指文姜嫁给鲁桓公。

⑩从：跟从。

⑪芝：种植。

⑫衡从：横纵，这里指耕田种地。

⑬告：祖庙。

⑭鞠：穷，放任无束。

⑮极：穷极，放任。

【赏析】

这是一首讽刺诗。

诗中讽刺了齐襄公与文姜兄妹荒淫无度，鲁桓公纵容文姜而不制止，最终导致杀身之祸。本诗共分四章，第一章写了文姜嫁给鲁桓公的情景，用雄狐狸的毛色舒展比喻桓公急于求偶的样子。后三章的最后一节均采用一问一答的形式，使诗意幽默风趣，同时也有对文姜和桓公的讽刺之意。

卢 令

卢①令令②，其人美且仁③。
卢重环④，其人美且鬈⑤。
卢重镅⑥，其人美且偲⑦。

【注释】

①卢：猎犬，大黑犬。
②令令：铃声。
③仁：慈善可爱。
④重环：大环上套小还，指子母环。
⑤鬈（quán）：美好。形容头发长而弯曲的勇敢壮士。
⑥重镅（méi）：一个大环套两个小环。
⑦偲（cái）：胡须多的样子，形容多才。

【赏析】

这是一首赞美青年猎手的诗，全诗以一只脖子上套着环的狗起兴，以狗铃发出的叮当声响引领全诗。

女主人公朝着铃声的方向看去，发现了一位英俊的男子，那男子标志又善良，头发弯曲壮勇威严。这位女子一直想象与男子相遇的情形，表现了女子对男子的爱慕之情。

魏 风

葛 屦

纠纠①葛屦②，可以③履④霜。掺掺⑤女手，可以缝裳。要⑥之襋⑦之，好人服之。

好人⑧提提⑨，宛然⑩左辟⑪，佩其象揥⑫。维是褊心⑬，是以⑭为刺⑮。

【注释】

①纠纠：缭缭，缠绕。

②屦：葛麻编织成的草鞋。

③可以：何以、怎么能。

④履：践踏。

⑤掺掺：通"纤纤"，形容手劳累的样子。

⑥要：腰，衣服的腰身。

⑦襋：衣领，作动词。

⑧好人：指女奴的主人。

⑨提提：安详美好的样子。

⑩宛然：真切的样子。

⑪左辟：向左回避。

⑫揥：用象牙做的簪子，饰物。

⑬褊心：心胸狭窄。

⑭是以：所以。

⑮刺：讽刺。

【赏析】

这是一首控诉诗。

本诗以女奴的口吻写出了女奴对贵族妇女的控诉，蕴涵着贵族妇女对女奴的压迫。无情地揭示了世上两种人的不同生活：一种是正面描写女奴的痛苦，一种是侧面描写贵族妇人的残酷。诗中说，女仆为主人缝制衣鞋，主人大模大样，不理不睬。

诗中蕴涵着对傲慢的贵族妇女的嘲笑与讥讽。

汾沮洳

彼汾①沮洳②，言采其莫③。彼其之子④，美无度。美无度⑤，殊异⑥乎公路⑦。

彼汾一方⑧，言采其桑。彼其之子，美如英。美如英，殊异乎公行⑨。

彼汾一曲⑩，言采其藚⑪。彼其之子，美如玉。美如玉，殊异乎公族⑫。

【注释】

①汾：汾水。

②沮洳：低湿的地方。

③莫：草名。即酸模，又名羊蹄菜。多年生草本，有酸味。

④彼其之子：他那个人。

⑤度：衡量。

⑥殊异：优异出众。

⑦公路：官名。掌诸侯的路车。

⑧一方：一旁。

⑨公行（háng）：官名。掌诸侯的兵车。

⑩一曲：指汾水弯曲的地方。

⑪藚（xù）：药用植物。多年生沼生草本。

⑫公族：官名。掌诸侯的宗族事务的官。

【赏析】

本诗是女子赞美情人的恋歌。

此诗共分三章，其主旨是赞美心爱的人无与伦比的英俊，像花朵、像美玉，以汾水起兴，反复迭咏。

三章的最后两句"美无度，殊异乎公路"、"美如英，殊异乎公行"、"美如玉，殊异乎公族"，女子把掌管公车的官、掌管兵车的官、掌管公族的官和自己所爱的人相比，从而赞喻了爱人的品质高尚，才能超过贵族的将军。大大地讽刺了品质低劣、游手好闲的贵族。

园 有 桃

园有桃，其实之殽。心之①忧矣，我歌且谣②。不知我者，谓我士也骄③。

彼人是哉，子曰何其？心之忧矣，其谁知之。其谁知之，盖④亦勿思！

园有棘⑤，其实之食。心之忧矣，聊以行国⑥。不知我者，谓我士也罔极⑦。

彼人是哉，子曰何其？心之忧矣，其谁知之？其谁知之，盖亦勿思！

【注释】

①之：是。
②歌、谣：这里泛指唱歌，徒歌叫谣。
③骄：骄逸。
④盖：通盍，何不的意思。
⑤棘：指酸枣。
⑥行国：到处流浪。
⑦罔极：无常，妄想。

【赏析】

此诗是一首贤士忧国忧民的诗。

士人处于困境，叹息知己难得。长歌当哭，满腹的忧愁不知向谁诉说，悲声哀怨，于是作此诗来抒发感情。此诗既波澜顿挫，又含蓄吞吐，文字虽短，但意味深长。

陟 岵

陟彼岵①兮，瞻望父兮。父曰："嗟！予子行役，夙夜无已，上慎旃哉②，犹来无止③！"

陟彼屺兮，瞻望母兮。母曰："嗟！予季行役，夙夜无寐，上慎旃哉，犹来无弃④！"

陟彼冈兮，瞻望兄兮。兄曰："嗟！予弟行役，夙夜必偕⑤，上慎旃哉，犹来无死！"

【注释】

①岵（hù）：有草木的山。

②上慎旃（zhān）哉："上"即"尚"，意思是"尚且"，是表示希望的词；慎，保重的意思；旃，之；此句的大意是"你可要保重啊"！

③犹来无止：意思是"还是回来好"。止，作"获"解，指被敌所掳而留置，无止意思是说"不要被敌人掳去"。

④弃：死，现在提到人死还有"弃世"的说法。

⑤偕：俱，"夙夜必偕"是说，早晨晚上都是一样的，就是昼夜不息的意思。"偕"有时解释为"强壮"的意思，也可引申为"勤劳"。

【赏析】

魏国小而弱，又在秦晋两强国的中间，时常遭到侵略，苦不堪言，有时候两强国都在魏国征兵，百姓从军远征，以致父母兄弟离散，所以怨声载道，现今流传的魏国歌谣七篇大概都是咏叹魏国百姓的悲怨。

《陟岵》是参军征役思念家乡的诗。远征的人登高遥望故乡，回忆父母兄长的话语。只恨行役使我和家人别离，生死两不知，如今被征召长久行役在外，受尽风霜雨露，尝尽路途孤寂与艰险，发出那无可奈何的凄楚辛酸的悲歌！诗人借父母兄长对自己的挂念与叮咛，表示出征人可怜而仅有的希望，即祈望自己平安回家，不要死在外面，并因此反映从征之苦，以暗喻行役之情。

十亩之间

十亩之间兮，桑者①闲闲②兮，行③与子还兮。
十亩之外兮，桑者泄泄④兮，行与子逝⑤兮。

【注释】

①桑者：采桑的人。

②闲闲：从容的样子。

③行：且，将要。

④泄泄：十分悠闲、人多的样子。

⑤逝：往。

【赏析】

这是一首采桑时唱的歌。诗中描绘出了春天在田野间，采桑女悠然自得的样子，三三两两，春意盎然。其中"行"字的运用，把情节表现得更为逼真。

也有研究《诗经》的学者认为此诗含有归农隐居的咏叹，存此以备一说。

伐 檀

坎坎①伐檀兮，真之河之干②兮；河水清且涟漪③。不稼不穑④，胡取禾三百廛⑤兮？不狩不猎⑥，胡瞻尔庭有县貆⑦兮？彼君子兮，不素餐⑧兮。

坎坎伐辐⑨兮，真之河之侧兮，河水清且直猗。不稼不穑，胡取禾三百亿兮？不狩不猎，胡瞻尔庭有县特⑩兮？彼君子兮，不素食兮。

坎坎伐轮兮，真之河之漘⑪兮，河水清且沦猗。不稼不穑，胡取禾三百囷⑫兮？不狩不猎，胡瞻尔庭有县鹑兮？彼君子兮，不素飧兮。

【注释】

①坎坎：伐木的声。

②真（zhì）之河之干：真通"置"；干，岸边。

③涟漪：涟，风吹水面水纹好像连锁；猗，通"兮"字。

④稼穑：种稻叫做稼；收割叫做穑。两字合起来泛指一般农事。

⑤廛（chán）：一户人家的住屋。三百廛，就是三百家的田地。

⑥狩猎：狩，冬猎叫做狩，夜猎叫做猎，此处意思是"用猎具或鹰犬捕捉鸟兽"，所以狩猎是没有分别的。

⑦县貆（huān）：县通"悬"字。貆，即獾，兽名。

⑧素餐：白吃，就是光吃饭不做事，下文的"素食"、"素飧（熟

食）"与此同义。

⑨伐辐：辐，车轮中直木，此处意思是伐檀来做车辐，下文"伐轮"与此相同。

⑩特：三岁的兽。

⑪漘（chún）：水边，河岸。

⑫囷：屯谷用的圆仓。

【赏析】

魏国的土地少，百姓贫困，农民伐木、稼穑、狩猎，终年勤劳，仍然难以温饱，而贵族重敛，不劳而获，坐享其食，有吃有喝，山珍满宴。贵族自己不拿锹锄，庭院却稻谷堆积如山；自己不去狩猎，檐前却满挂野味。山珍海味贵族都是白吃的，贵族奢侈腐化到了无可救药的地步，善良百姓却谋生困难，在悲凉绝望之余，百姓就创作了嘲骂剥削者不劳而食的诗，这也正是东周世衰，农民觉醒，社会制度将趋崩溃的时代反映。

每章前三句以劳动者在河边伐木的情景起兴，第四句以下曲尾的迭咏，与主题正相吻合。木材放置所是河边，然后以跳踉的方式作心理描写，以河清、河浊来做政清、政乱的对照，伐木工人对"河水清且涟漪"含有无限的期待，却隐含有不可实现的无可奈何的感觉，然后对上位者的剥削与无能，把内心的不满更推进一层。于是贫富的悬殊，劳逸的不均等社会不正常的现象在隐隐约约之中显露出来。

硕 鼠

硕鼠①硕鼠，无食我黍。三岁贯②女，莫我肯顾③。逝④将去女，适⑤彼乐土，乐土乐土，爰得我所⑥。

硕鼠硕鼠，无食我麦。三岁贯女，莫我肯德⑦。逝将去女，适彼乐国，乐国乐国，爰得我直。

硕鼠硕鼠，无食我苗。三岁贯女，莫我肯劳⑧。逝将去女，适彼乐郊，乐郊乐郊，谁之永号⑨。

【注释】

①硕鼠：大老鼠，即鼫鼠，和兔差不多，尾巴短而眼睛红，毛有黑

白褐等色，专在田中吃栗豆及栗柿等，是农作物巨害之一。

②贯：贯通惯，纵容的意思，或当侍奉讲。

③莫我肯顾：一点也不肯顾念（或体贴）我们。

④逝：誓，表示坚决的意思。或作发语词。

⑤适：到……去。

⑥爱得我所：爱，乃；得我所，意思是"获得适于我们安居的处所"，下文"爱得我直"的"直"与"所"同义，即处所的意思。

⑦莫我肯德：德，恩惠，意思是"一点也不肯加惠给我们"；或者解释为"感激"也可以。

⑧劳：慰问，犒劳。

⑨永号：长叹。

【赏析】

和《伐檀》一样，本诗反映了魏国弱小，国君苛捐杂税严重，人民不堪负荷，于是作诗讥讽，对统治者的沉重剥削表示怨恨。

诗人用比喻的方法，将剥削者比喻为贪婪害人的肥大鼹鼠，并且表示希望逃到另外安乐的地方去，好逃避残酷的剥削，这种对鼠的控诉，实际上带有指桑骂槐的意思。

诗人的内心蕴藏有如火山般的愤怒火焰，却意外地以逃避代替反抗，以想象理想世界代替现实的苦闷。先将"硕鼠"人格化，再挥动彩笔，先恳求"无食我黍"、"无食我麦"、"无食我苗"而后斥责对方不顾人生死（"莫我肯顾"、"莫我肯德"、"莫我肯劳"），随着表示坚决地要离其远去（"逝将去女"），如剑上弦之后，却立即将诗导入理想世界之中，看似缓和，其实现实与理想的相映之下，现实的那番不堪忍受，显得更加剧烈而鲜明了，暗藏着无限的紧张绷力。三章反复同样的意义，有增强感情的作用。

唐 风

蟋 蟀

蟋蟀在堂，岁聿①其莫②，今我不乐，日月其除③。无已大康④，职思其居⑤，好乐无荒，良士瞿瞿⑥。

蟋蟀在堂，岁聿其逝，今我不乐，日月其迈。无已大康，职思其外，好乐无荒，良士蹶蹶⑦。

蟋蟀在堂，役车其休，今我不乐，日月其慆⑧。无已大康，职思其忧。好乐无荒，良士休休⑨。

【注释】

①聿（yù）：表示事态推移的语助词，含有"已经"的意思。

②莫：通"暮"字。

③除：年末。

④无已大（tài）康：意思是不可过于享乐。

⑤职思其居：职，尚，希望之词：居，所居的地位与责任。

⑥瞿（jù）瞿：提高警觉，戒慎恐惧的意思。

⑦蹶蹶：勤快，对事情敏感。

⑧慆（tāo）：过，逝去。

⑨休休：安闲的样子。

【赏析】

《蟋蟀》是《唐风》的首篇。唐的封域在太行、恒山的西面，即今山西太原一带，它的都城晋阳（今山西太原）相传为帝尧的旧都。

晋人勤劳俭朴已成俗性，虽然也知道光阴易逝，人生几何，岁暮农闲时理当及时行乐，但又不敢放怀痛饮，更不敢歌舞狂欢，恐怕沉迷娱乐会荒废本业，所以作诗自戒，反映了晋人的性格和胸怀，是道地的唐风，而这种晋人性格，差不多已成我国民族性的一部分。整首诗都是赋的手法，借自然界昆虫的活动来点明时节，展开晋人娱乐之余不忘工作的主题。

诗中的"职思其居"、"职思其外"、"职思其忧"的"职"字，或通作"常"，或"主"，或"只"，众说纷纭，但细观诗文，此处应当作"尚"字讲，希望之词，意思是虽在娱乐之时，还希望能够注意其家务与工作，即娱乐不忘工作的意思。《诗经》中有很多"职"字，用法也都不太一样，如《小雅·大东》中"职劳不来"的"职"，解为"经常"的意思，即经常劳苦而不见安慰；如《小雅·十月之交》中的"职竞由人"、《大雅·柔思》中的"职凉善背"、《大雅·召旻》、"职兄斯弘"，都作发语词用。如《小雅·巧言》中的"职为乱阶"解释为"适"字。如《大雅·抑》"亦职维疾"，则作语助词解释。可见职字的解释，随用的地方不同，用法也不一样，必须深思其上下文的语气来灵活运用。

山有枢

山有枢①，隰有榆②。子有衣裳，弗曳弗娄③。子有车马，弗驰弗驱。宛④其死矣，他人是愉⑤。

山有栲⑥，隰有杻⑦。子有廷⑧内⑨，弗洒弗扫。子有钟鼓⑩，弗鼓弗考⑪。宛其死矣，他人是保⑫。

山有漆⑬，隰有栗⑭。子有酒食，何不日鼓瑟⑮？且以喜乐，且以永日⑯。宛其死矣，他人入室。

【注释】

①枢：木名。刺榆，俗称臭椿树。

②榆：木名。白榆，又名枌，落叶乔木。

③弗曳弗娄：有好衣裳而不穿。曳，拖。娄，搂。

④宛：宛然，形容委靡倒下的样子。

⑤愉：快乐。

⑥栲：山栲，木名。

⑦杻：杻树，木名。

⑧廷：庭院。

⑨内：堂与室。

⑩鼓：敲打。

⑪考：击打。

⑫保：占有。

⑬漆：一种汁，可以做涂料的树。

⑭栗：木名。又叫栗子树。

⑮鼓瑟：指弹琴。

⑯永日：整天，这里指整日行乐。

【赏析】

这首诗看起来有大气凛然的感觉，实际上则含有卑鄙、吝啬的韵味，以带有玩味性的语言讽刺了贵族老爷们的无耻和懒惰。

三章的章法都差不多，其精华在每章的二节、三节，它写出了那些卑鄙的贵族即将走向穷途末路，以及他们对生活无可奈何的心态，同时也有对往日奢侈豪华生活的向往之意。

绸缪

绸缪①束薪，三星在天。今夕何夕？见此良人②！子兮子兮，如此良人何？

绸缪束刍③，三星在隅。今夕何夕？见此邂逅④！子兮子兮，如此邂逅何？

绸缪束楚，三星在户。今夕何夕？见此粲者⑤！子兮子兮，如此粲者何？

【注释】

①绸缪（móu）：缠绵。

②良人：新郎。

③刍：干草。

④邂逅：指夫妇。

⑤粲者：指美丽的新娘。

【赏析】

这是乱世的一对男女相遇，结为夫妇，新婚之夜，惊喜交加；新人互相对唱与合唱的歌谣。唐风大多是灰暗忧思的作品，只有《绸缪》表达了特别欣喜的快感，所以我们参照当时社会环境而作了相应的推测。

首章诗人以兴的手法，借束薪唤起夫妇结合的缠绵情意，接着以赋的手法叙述结婚的时间（"三星在天"、"三星在隅"、"三星在户"），最后深入心理描写，描绘出新娘喜极如狂的心情"子兮子兮"是新娘自己设的词，即"你呀！你呀"，有人解释子为"咨"字，感叹的词。但实际上是新娘自言自语的词，自问自答，更见新娘心花怒放，狂喜心情非同一般。乱世男女，能结婚很不容易；所以有"今夕何夕"的惊喜，仿佛置身于梦中，不能想象。狂喜冲昏了头，今天晚上如何对待夫君？整个心房为爱情所陶醉了，一时不知所措！

次章是男女二人的合唱，第三章是新郎自言自语的词，新郎对漂亮的新娘狂喜如醉的写照。

古时缔结婚姻，男女双方并不认识，都是取决于媒妁之言，父母之命，新婚之夜，新郎见到漂亮新娘，新娘见到如意郎君，更觉喜出望外，故有此叹。

鸨 羽

肃肃①鸨②羽，集于苞栩③。王事靡盬④。不能蓺⑤稷黍，父母何怙⑥？悠悠苍天，曷其有所⑦！

肃肃鸨翼，集于苞棘⑧。王事靡盬，不能蓺黍稷，父母何食？悠悠苍天，曷其有极！

肃肃鸨行⑨，集于苞桑，王事靡盬，不能蓺稻粱，父母何尝⑩？悠悠苍天，曷其有常⑪！

【注释】

①肃肃：鸟振动翅膀的声音。

②鸨（bǎo）：鸟的一种；比雁稍微大些，背上有黄褐色和黑色斑纹，善于行走。脚上没有后趾，所以在树上不能稳定地栖息。

③苞栩：丛生的栩树，栩，就是栎树，俗称橡子。

④靡盬（gǔ）：没有闲暇。

⑤蓺（yì）：即"艺"字，种植。

⑥怙：依靠。

⑦曷其有所：曷，何时。整句意思是"什么时候才能得到安居"。

⑧棘：有刺的酸枣木。

⑨行（hé）：通翮，指鸟的翅膀。

⑩尝：指吃东西。

⑪曷其所常：常，指正常的情况。整句的意思是："什么时候才能恢复正常的生活，不再去服劳役呢？"

【赏析】

这是一首反映人民苦于劳役，因而使父母的生活失去保障的诗，诗人怨极呼天，可见"王事"对人民的负担有多么沉重啊？

征夫行役，家中尚有年迈父母，心神牵挂，不知如何处理。家里没有年轻能干的人，父母怎能播种、耕耘、收获呢？长吁短叹，发出了痛苦的呼声。

表示哀怨的作品大多触景生情，而以兴开始，也往往有夹杂比喻：以劳役比鸨的止息。"肃肃鸨羽，集于苞栩"，是征人自比。征人终日劳苦，日暮途远，夕阳在山，随地扎营，因此以"肃肃群鸨"作比喻，大概鸨为雁类，本不适于栖树（没有后趾），应当飞翔，栖息在烁树之上，栖息的地方实在难以安定。

三章吟咏同一概念，虽然只有字词的变换，丝毫没有特殊技巧可言，但感情真挚，表现了历代人民痛苦的呼声，很能引起共鸣，所以感人至深。

无 衣

岂曰无衣，七①兮。不如子②之衣，安且吉③兮。

岂曰无衣，六④兮。不如子之衣，安且燠⑤兮。

【注释】

①七兮：七章的礼服，七章是指画衣三章：雉、火、宗彝，绣裳四章：藻、粉米、黼、黻。

②子：指天子的使者。

③吉：善。

④六兮：衣服以六为节，指冠弁而言，饰玉可用六颗。

⑤燠（yù）：暖，即温暖的意思。

【赏析】

全章二章，每章三句，分别为六言、五言、四言等三种句型组成，诗中反复陈述自己虽然有礼服，却不如天子所赐的名正言顺，舒适美好。

这首诗叙述晋大夫为武公向周天子的使者请命的事。语气好像是恳诚，意思却很深奥：并不是没有七章礼服呀！只是不如天子所赐的，穿起来安适吉祥而美好啊！也不是没有六种饰物的礼服呀；只是不如天子所赐的穿起来安适而且温暖啊！

全诗章法齐整，音调和谐。

有杕之杜

有杕^①之杜^②，生于道左。彼君子兮，噬肯适我^③，中心好之，曷饮食之。

有杕之杜，生于道周^④。彼君子兮，噬^⑤肯来游，中心好之，曷饮食之。

【注释】

①杕（dì）：孤独的样子。

②杜：一种落叶乔木，果实可以吃。

③噬肯适我：噬，发语词；适我，来我处。

④道周：道的右边，或说成路的转弯的地方。

⑤噬：发语词。

【赏析】

"孤独的棠树，独自生长在道路左边（我的孤独正好像生长在道左边的棠树），很希望君子能来我处。他是我心中敬爱的人，如果他肯来，我必然以饮食来款待他。"

"孤独的棠树，独自生长在道路右边（我的孤独正好像生长在道右边的棠树），很希望君子能惠然来游。他是我心中敬爱的人，如果他肯来游，我必然以饮食来款待他。"

这是孤寂的人希望有君子来约会的诗，诗的表现手法和"鸨羽"很近似，借孤独于道旁的棠树象征自己的孤寂，写内心对于友谊的那份渴求，并假想他若到来时，自己准备以饮食款待他。若说这是首渴望爱情的诗，也可以。

葛 生

葛生蒙楚，蔹①蔓于野，予美②亡此，谁与独处！
葛生蒙棘，蔹蔓于域③，予美亡此，谁与独息！
角枕粲④兮，锦衾烂兮⑤，予美亡此，谁与独旦⑥！
夏之日，冬之夜，百岁之后，归于其居⑦！
冬之夜，夏之日，百岁之后，归于其室！

【注释】

①蔹（liàn）：蔓生草。
②予美：予，我，妇人的自称；美，她英俊的丈夫。
③域：茔域、墓地。
④粲：鲜明。
⑤锦衾烂兮：衾，被；烂，鲜明。
⑥独旦：独自到天亮。
⑦居：和下章的"室"都指"坟墓"。

【赏析】

这是一首妇人哀悼亡夫的诗，古代"葛"和"蔹"都是蔓生植物，必须依附在其他的植物上才能生存。诗人用以起兴，来比喻女子必须依靠丈夫而成家立业。前三章设想丈夫死后的凄凉景象，与自己的哀吟，以"谁与"设问，而以"独处""独息""独旦"作答，感觉非常孤凄，感情缠绵不绝，后两章自己伤感今后的漫长岁月极其难过，只有等到百年以后与"予美"同穴，才是自己最好最终的归宿。

葛草蔓延，攀缠杂木，蔓草匍匐于墓茔，此处是我所怀念的人安身的地方。茫茫人海中只剩下我一人，茕茕孑立，清孤寂寥。殉葬的角枕想必还闪烁光芒，锦被也鲜艳悦目，但"予美"则寂寂长眠。

炎炎夏日，漫漫冬夜，只有夫君一人独眠，只有我一人独自生活。百岁之后，我必然与你在地下想见，安心等待吧！

本诗哀切中透露典雅，与汉初的挽歌"薤露"和"蒿里"做比较则更为优雅感人，情爱悱恻。悼亡诗中的表现和遣词造句，一读便知。

诗一开始，呈现的是杂草蔓生的荒郊野外，坟场的一片荒芜凄凉的景象，气氛的渲染很足，随后寡妇愁苦的悲泣声音，划破那空寂的荒野，更酿造了凄怆酸楚的气氛，令人柔肠寸断，血泪盈眶。接着诗人故意选用令人难耐的漫长而孤寂的夏日和凄寒的冬夜，烘托寡妇的至情流露，任凭他海枯石烂，意志不变，誓死和她的丈夫在那另一个未知的世界中相会团圆，感情的纯挚专一，与哀怨欲绝的悲叹，令人悲痛欲绝。

采 苓

采苓采苓①，首阳之巅。人之为言②，苟亦无信③。舍旃舍旃④，苟亦无然⑤。人之为言，胡得⑥焉？

采苦⑦采苦，首阳之下。人之为言，苟亦无与⑧。舍旃舍旃，苟亦无然。人之为言，胡得焉？

采葑采葑⑨，首阳之东。人之为言，苟亦无从。舍旃舍旃，苟亦无然。人之为言，胡得焉？

【注释】

①苓：甘草。

②为（wěi）言：为，"伪"的借字；为言，即伪言、谎话。

③苟亦无信：不要轻信。

④旃（zhān）：相当于"之"，语助词。

⑤无然：不要以为然。

⑥胡得：何所取。得，正确。

⑦苦：植物名。

⑧无与：指不要理会。

⑨葑：芜菁。

【赏析】

本诗主旨较为单一,《毛诗序》称"《采苓》,刺晋献公也。献公好听谗焉。",意在劝说世人不要听信谗言。

本诗共三章,而且句法都一样,每章均以托物起兴的手法开篇,意思也比较简单,三次重复咏叹:"舍旃舍旃,苟亦无然",意在反复告诫人们,不要轻信谗言。

明人戴君恩《读诗臆评》评价此诗"各章上四句,如春水池塘,笼烟浣月,汪汪有致。下四句乃如风气浪生,龙惊鸟澜,莫可控御。"

秦 风

蒹 葭

蒹葭①苍苍②，白露为霜，所谓伊人③，在水一方④，溯⑤洄从之，道阻⑥且长；溯游⑦从之，宛⑧在水中央。

蒹葭凄凄⑨，白露未晞⑩。所谓伊人，在水之湄⑪。溯洄从之，道阻且跻⑫；溯游从之，宛在水中坻⑬。

蒹葭采采⑭，白露未已⑮，所谓伊人，在水之涘⑯。溯洄从之，道阻且右⑰；溯游从之，宛在水中沚⑱。

【注释】

①蒹葭（jiān jiā）：蒹，荻。葭，芦苇。
②苍苍：颜色深青的，形容芦荻茂盛的样子。
③伊人：那个人。
④在水一方：方、旁，一方即一旁，在水一方即在河的另一边。
⑤溯洄从之：溯，不论在水中逆流而行或在岸上向上游走都叫溯，此处据"道阻且长"看，应该是陆行。洄，曲折盘旋的水道；从，接近的意思。
⑥阻：道路上障碍很多，很难走。
⑦游：直流的水道。
⑧宛：好像。
⑨凄凄：茂盛的样子。
⑩晞：干。
⑪湄（méi）：指水和草交接的地方，即岸边。
⑫跻：升高。
⑬坻：水中高地。
⑭采采：茂盛鲜明的样子。
⑮已：止。这里指干了。
⑯涘：水道。
⑰右：迂回曲折。

⑱沚（zhǐ）：水中陆地。

【赏析】

这是一首怀人的诗，诗中的"伊人"是诗人访求的对象，至于是男是女则不能确定。我国诗中所谓"伊人"、"佳人"、"美人"，可以指异性的情人，也可以指同性的朋友；可以指贤臣，也可以指明主。例如杜甫写佳人为女性，以隐喻自己品格的高洁，汉武帝以《秋风辞》中的"兰有秀兮菊有芳，怀佳人兮不能忘"来怀贤能；苏东坡《赤壁诗》中的"渺渺兮予怀，望美人兮天一方"，以美人借喻君王，表达思君王的意思。所以此篇可作情诗读，可作怀友诗读，也可作为求贤招隐的诗来欣赏。

诗共分三章，每章前两句写景，由时节景色入手，点明时间是在情人多思的秋天，后六章写访求伊人而未成功的情况。本诗在形式上仍保留民间歌谣的三章连环体，而意境已超越民歌进而为"诗人之诗"的杰作，王国维的《人间词话》说它"最得风人深致"，在好战乐斗的秦邦，很多慷慨悲歌，忽然出现像"蒹葭"这样一篇高逸出尘的抒情诗，可以说是鹤立鸡群，星夜之月，是《诗经》中抒情诗的佳作。

黄 鸟

交交①黄鸟，止②于棘。谁从③穆公？子车奄息④。维⑤此奄息，百夫之特，临其穴⑦，惴惴⑧其慄⑨！彼苍者天，歼我良人⑩！如可赎⑪兮，人百其身！

交交黄鸟，止于桑。谁从穆公？子车仲行。维此仲行，百夫之防⑫，临其穴，惴惴其慄！彼苍者天！歼我良人！如可赎兮，人百其身。

交交黄鸟，止于楚。谁从穆公？子车针虎。维此针虎，百夫之御⑬，临其穴，惴惴其慄！彼苍者天，歼我良人！如可赎兮，人百其身。

【注释】

①交交：鸟叫声。

②止：栖息。

③从：从死，就是殉葬的意思。

④子车奄息：子车是姓，奄息是名。

⑤维：发语词。

⑥百夫之特：特，敌人。整句的意思是说，他的才能可以抵得过一百个人。

⑦穴：墓穴。

⑧惴惴（zhuì）：害怕的样子。

⑨栗：发抖。

⑩歼我良人：歼，尽数消灭。良人，好人。

⑪赎：替换。

⑫防：当、比的意思。

⑬御：抵挡。

【赏析】

这是一首挽诗。

此诗凡三章，分别叹咏秦人所敬重的子车氏三兄弟。每章末四句充分反映出秦国人民对三良的哀悼与痛惜，以及对迫人殉葬的残暴统治者的憎恨，提出了控诉。朱熹说："穆公于此，其罪不可逃矣！"这话是很对的。

秦穆公是春秋名君，五霸之一，知人善任，但依然没把秦国这一不人道的殉葬恶俗废除掉。周襄王三十一年，秦穆公死，依秦风俗命一百七十七名家臣殉葬，其中有子车氏三兄弟，号称秦国三良，秦人哀怜子车三良，谱出了这首哀悼的挽歌。

诗人先描绘墓场的景色，借黄鸟自由自在地在树上盘旋鸣叫，反衬出三良死亡的悲哀凄惨心声，接着以迂曲的手法展现秦俗以人殉葬的人间悲剧，殉葬已经是惨无人道，用秦国的良才殉葬，更是暴虐到了极点，随后把三良临死惶惧战栗的惨状展现出来，让读者目睹。如此残虐的暴君，诗人无可奈何，只能呼天控诉。最后秦人爱惜三良，愿以身替代，更把活人殉葬的荒谬推到了极点。语意凄楚，音调高亢，读来令人扼腕叹息。《黄鸟》为我国挽歌之祖，较《薤露》、《蒿里》之类的诗，意境更加宏阔，所表达的感情也更加沉痛。

晨 风

鴥①彼晨风，郁②彼北林，未见君子，忧心钦钦③。如何如何？忘我实多！

山有苞④栎，隰有六驳。未见君子，忧心靡乐⑤。如何如何？忘我实多！

山有苞棣⑥，隰有树檖⑦。未见君子，忧心如醉。如何如何？忘我实多！

【注释】

①鴥（yù）彼晨风：鴥，疾飞的样子；晨风，鸟名，即鹯，青黄色。

②郁：茂盛的样子。

③钦钦：忧思不忘。

④苞：草木茂盛的样子。

⑤靡乐：不高兴。

⑥棣：唐棣，叶狭长，果实如樱桃。

⑦檖（suí）：树名，赤罗，实际和梨差不多。

【赏析】

《晨风》是秦风的诗篇，朱熹说是妇人思念她久出不归的丈夫的诗，大概没错。诗人借景兴情，晨风之疾飞回林，兴起丈夫久不回家的意象，然后不断阐述妇人思念丈夫的凄苦情怀，"如何如何？忘我实多"！妇人反复设词自问自己的丈夫为何不归，为何如此狠心，把她忘得一干二净，怨诉他的薄幸，使凄苦之情更浓更深。

无 衣

岂曰无衣？与子同袍。王于兴师，修我戈矛①，与子同仇。

岂曰无衣？与子同泽②。王于兴师，修我矛戟，与子偕作③。

岂曰无衣？与子同裳。王于兴师，修我甲兵，与子偕行。

【注释】

①戈矛：和下文之"戟"都是长柄古代兵器，戈长六尺六，戟长一丈六，戈戟的竿端附有枝状的利刃，戈为单枝，戟为双枝，可勾可击；矛长二丈，上尖锐且锋利，可刺。

②泽：通"襗"，裤子，现在称战友为袍泽或同袍。

③偕作：和"偕行"都是"一同行动，一起作战"的意思。

【赏析】

这是一首古代秦国的军歌。"王于兴师"是秦襄公以周王的命令出征西戎，秦人一起参战，所以作"无衣"这首诗，歌中充满勇敢强悍，乐于奉命的精神，以及战友间的深厚的感情。

全诗三章迭咏，都是用赋的手法；主旨在于表现秦人慷慨从军，以及士卒相互友爱同仇敌忾的爱国精神。诗中表现出为国而战的无畏与乐观，充满着昂扬热烈的情绪，使人读了热血沸腾，精神为之振奋，爱国之心油然而生。"与子偕作"、"与子偕行"，秦人互相招呼从军报国的精神，不正是我们所应学习的吗？

全诗语意慷慨，音节铿锵，气魄雄迈。

陈 风

宛 丘

子①之汤②兮，宛丘③之上兮。洵有情兮，而无望④兮。
坎⑤其击鼓，宛丘之下。无冬无夏，值⑥其鹭羽⑦。
坎其击缶⑧，宛丘之道。无冬无夏，值其鹭翿⑨。

【注释】

①子：你。
②汤：通荡。游荡，放荡。
③宛丘：四周高中间低的土山。指陈国游览的地方。
④望：德望。一说观望；一说望祀；一说仰望。
⑤坎：击鼓的声音。
⑥值：树立。
⑦鹭羽：用鹭的长羽做成的饰物，这里指舞蹈道具。
⑧缶：瓦器。古代歌舞时以缶为节奏。
⑨翿（dào）：舞蹈道具。与鹭羽为同一物。

【赏析】

这是一首赞美跳舞的女子舞姿优美的诗。

宛丘为陈国的旅游胜地，就像郑国溱洧、宋国的西湖一样，是人们欢乐游玩的地方。诗分三章，而第一章的后两句别有用意："我的情义深长，却又不敢有太多的奢望"。这句话从另一方面也讽刺了荒淫无度的统治者。

东门之枌

东门之枌①，宛丘之栩，子仲之子，婆娑②其下。
穀旦于差③，南方之原。不绩④其麻，市也婆娑。
穀旦于逝⑤，越以鬷迈⑥。视尔如荍⑦，贻我握椒⑧。

【注释】

①枌（fēn）：白榆。

②婆娑：跳舞。

③榖旦于差：榖，善。旦，白天。榖旦意思是吉日良辰。于，关连词，无义。差，选择。榖旦于差，就是选择好的日子。

④绩：纺织。

⑤逝：往。

⑥越以鬷（zōng）迈：越、以，发语词，鬷，屡次，这两句的意思是"在良辰吉日去找那个女孩，而且一去再去"。

⑦蕲：锦葵，花呈淡紫色。

⑧握椒：一把花椒。

【赏析】

诗人以白描的手法，恰如其分地表达陈国男女醉心歌舞，聚会交欢的情景。诗的语言简单，意象单纯，而诗中男主角的喜悦神态跃然纸上，全诗蕴含一片欢乐和纯真，且节奏轻快活泼，充满青春的气息。

诗人以男子口吻写他在宛丘之下物色到一个跳舞的女孩子，她正是子仲氏的女儿。"宛丘"本指四面高而中央低的地方，现在已成为专名，是陈国游观的地方。跳舞的人，在东门（东门连接宛丘大道）白榆，宛丘梁树的树荫下翩翩起舞的正是子仲家的女儿啊！（第一章）诗里说"不绩其麻，市也婆娑"，"市"，通"沛"，疾的意思，描写跳舞的速度疾，诗人写他在吉日良辰约那个女孩子到"南方之原"去，于是她就"不绩其麻"，和他"市也婆娑"地跳舞去了。末章大致和二章一样，只是写得更活泼、更有韵致。由于良辰吉日，男女成群聚会歌舞，在舞会中，男的为女孩子花般的美貌倾倒，向她凝视，向她示爱，女孩子也送他"握椒"表示愿和他永结爱情。

此诗正反映了陈国男女聚会歌舞而恋爱成功的古代民间风俗。诗中没有一个"舞"字，而诗中男女成群歌舞的景况却跃然纸上，充满动感。

衡 门

衡门①之下，可以栖迟②，泌之洋洋③，可以乐④饥。
岂其食鱼，必河之鲂⑤？岂其娶妻，必齐之姜？
岂其食鱼，必河之鲤？岂其娶妻，必宋之子？

【注释】

①衡门：以横木为门，指房舍的简陋。
②栖迟：舒缓地休息。
③泌之洋洋：泌，泉水。洋洋，水势盛大的样子。
④乐：治的意思。
⑤鲂：鱼名，即鳊鱼，产于黄河，味鲜美。

【赏析】

《衡门》是陈风的第三篇。陈国是个小国，以河南省东南部陈州为首都，即现在的淮阳县。陈的国君姓伪，据说是古圣人舜帝的后裔，始祖胡公伪满在此受封，伪满娶周武王女太姬，太姬无子，由于好子心切，喜欢用巫婆祷祈；老百姓都受到她的影响，渐渐地成为一种风俗，所以陈风中所表现的都充满了这种气氛；而《衡门》却是陈风中特殊的一篇。

诗人以自言自语的方式，流露出自己的心声，借以表达他恬澹的人生态度，作者捕捉了生活中居住、吃食、配偶等三个要件：衡门栖迟，不食鲂鲤，不娶齐姜宋子，泌水乐饥，安贫乐道，仿佛孔子颜回，境界自然高人一等。

有人说此诗是写约会的诗：所谓"栖迟"不但可以指隐居自乐的高尚生活，还可说是约会的日子；饥者是欲望，是寻求约会场所的诗。至于二章三章不限于鲂鲤，不限于齐姜宋女，是不选择特定的对象。鱼是女子的善譬，河鱼和女子关系非常深，读《邶风·谷风》等离婚的诗就可以领会："毋发我梁，毋发我笱"，离异诀别的诗句尚且如此取譬，何况爱情的诗句呢？今存此一说。

东门之池

东门之池^①，可以沤^②麻。彼美淑姬^③，可与晤歌^④。
东门之池，可以沤纻^⑤。彼美淑姬，可与晤语。
东门之池，可以沤菅^⑥。彼美淑姬，可与晤言。

【注释】

①池：城池。
②沤（òu）：在水里长时间浸泡。
③淑姬：或作"叔姬"，意思是三小姐。
④晤歌：晤，对；晤歌，面对面唱歌。
⑤纻：麻类，可以织布。
⑥菅：草名，可作绳索。

【赏析】

东门的城池，妇人来洗麻的络绎不绝，池边白天女子们歌唱，夜晚可是约会的好地方。"东门之池"正是歌咏男女借机谈情说爱的恋歌。

陈国民间歌舞之风非常兴盛，以跳舞出名的有子仲家的姑娘，以唱歌出名的正是本篇所咏的漂亮的"淑姬"。诗以兴的手法，先呈现青年男女约会喜欢到的"东门之池"是幽静的地方，适于约会谈心，接着对美女淑姬的才华大加赞许，民谣色彩很浓。

因《东门之池》在《衡门》的下篇，所以很多人认为是《衡门》的续篇，"可以"、"可与"即上篇的意思，"娶妻不必齐姜宋子"，就是指"三小姐"，也未尝不可。

诗的语言鲜明，节奏轻快，韵律极佳，意味深长。

墓 门

墓门^①有棘，斧以斯^②之。夫^③也不良，国人知之。知而不已^④，谁昔^⑤然矣。

墓门有梅，有鸮^⑥萃^⑦止^⑧。夫也不良，歌以讯^⑨之。讯予不顾，颠

倒思予⑩。

【注释】

①墓门：指陈国城名。

②斯：砍、劈。

③夫：彼，那个人。

④已：停止，罢休。

⑤谁昔：从前，由来已久。

⑥鸮：鸟名。猫头鹰。

⑦萃：草丛生。引申为聚集，群栖。

⑧止：之。

⑨讯：劝谏，责骂。

⑩颠倒思予：跌倒，比喻困境。

【赏析】

这是一首讽刺坏人的诗篇，文章开始以墓门前的恶荆树起兴，将坏人比喻成恶荆树，让我们一斧头劈了它。第二章开头将坏人比喻成梅树，还有猫头鹰聚集在上面（因猫头鹰叫声令人毛骨悚然，因此古人认为猫头鹰发出的笑声预兆着凶恶和死亡），这个地方用猫头鹰比喻恶人，用以谴责坏人。

还有学者认为，此诗是为女子为谴责"不良"的丈夫而做的诗。

防有鹊巢

防①有鹊巢，邛②有旨苕③。谁侜④予美？心焉忉忉⑤！
中唐⑥有甓⑦，邛有旨鹝⑧。谁侜予美？心焉惕惕⑨！

【注释】

①防：堤坊。

②邛（qióng）：丘，高地。

③旨苕（tiáo）：旨，美好。苕，木本蔓生，花黄赤色，叶青茎绿可食，生在低湿之处，又名陵苕、浚宵或紫葳。

④侜（zhōu）：欺骗。

⑤忉忉：忧心的样子。

⑥中唐：中庭路。

⑦甓：陶器，砖一类东西，用来建造台阶。

⑧鹝（yì）：小草名，即绶草，杂色如绶（丝条），也指苕一类植物。

⑨惕惕：忧惧。

【赏析】

鹊巢筑在堤防的上面，冈丘上的苕草又甘又香，中庭的路有砖甓等物件，高丘的地方鹝草又甘又香。

《防有鹊巢》共分两章，每章前二句，依想象力创造自然界或日常所看到的景物不符合常理等现象，借以象征那甜言欺骗人的谎言，故作诗警诫爱人不要被谎言所欺骗。

《诗经》中写爱情，都坦述爱情，供言心迹，像这样借对第三者的疑虑，表露衷情的还是第一篇。诗的后段则直叙自己的忧愁，因为有人甜言蜜语欺骗自己日思夜想的人——是谁说了这些不可信的谎话，以欺骗我那亲爱的人呢？实在使我心中伤感和不安。

全诗音调低沉，好像忧心者的心声。

月 出

月出皎①兮，佼人②僚③兮，舒④窈纠⑤兮，劳心⑥悄⑦兮。

月出皓兮，佼人懰⑧兮，舒忧受兮，劳心慅⑨兮。

月出照兮，佼人燎⑩兮，舒夭绍兮，劳心惨⑪兮。

【注释】

①皎：洁白光明。

②佼人：佼，美好；佼人，美人。

③僚：娇美的样子。

④舒：女子举止从容闲雅。

⑤窈纠：即窈窕，形容女子体态轻盈行步时柔美多姿的样子。第二

章的优受，第三章的天绍都和此意同义。

⑥劳心：忧心。

⑦悄：忧愁的样子。

⑧㥄：娇美的样子。

⑨慅：忧愁的样子。

⑩燎：娇美的样子。

⑪惨：忧愁不安。

【赏析】

陈风中最精彩的抒情诗就是星月两篇，星篇即是《东门之杨》，月篇即本篇《月出》。诗人在月下遇到一个美丽的女孩，因为爱她，于是静夜独坐，望着月亮大发感叹，咏出了如此优美的抒情诗篇，挑动后世亿万读者的心弦。

此诗共分三章，每章第一句以月起兴，第二句、第三句写美人，末句写诗人自己不宁静的心情。本诗在形式上是具有特殊风格的双声叠韵诗，各句的第三字都使用产生相同回响的音调，特别显现和谐之美。心若深潭，月光银影下的女孩，动人的曲线，轻盈的体态，柔美多姿，缓和地宽舒地，几乎令人怀疑是天上仙女下凡了，"劳心悄兮"，不仅心里忧愁，纤手也好像有不胜轻挥的哀叹，但哀叹不仅仅是表现所能看见的，还表现了获取伊人衷心的苦恼，更不知含蕴了多少哀怨和悲伤的情思。

宋代的苏东坡最欣赏"月出"，他在泛舟遨游赤壁的夜晚等待月出的时候，便一面饮酒，一面将"月出"先朗诵一遍，又不停的高歌，他把这情景写入《赤壁赋》中"诵明月之诗，歌窈窕之章"（就是"月出"的首章），一会儿"月出东山之上"后，又唱到："渺渺兮予怀，望美人兮天一方。"因为朗诵"月出"这首诗篇来守望美人！月自古以来就被当作美女的象征，在明月当空的夜晚，思念恋人，或单恋的人思念他心中仰慕而不能得到的偶像（美女），充满了浪漫主义的情调，令人读来，不禁拨动思怀的缠绵情致。

株 林

胡①为乎株林②？从③夏南④。匪适⑤株林，从夏南。

驾我⑥乘马⑦，说⑧于株野。乘我乘驹，朝食⑨于株。

【注释】

①胡：为什么。

②株林：夏氏的食邑。指夏姬的住地。

③从：因为

④夏南：夏姬之子，夏征舒，字夏南。这里隐指夏姬。

⑤匪适：他们去。匪通彼。

⑥我：陈灵公。

⑦乘马：共同驾一辆车的四匹马。

⑧说：停车休息。

⑨朝食：早餐，吃早饭。

【赏析】

此诗讽刺陈灵公淫于夏姬的事情，文章虽没明确指出，但微妙之词已经揭示本意。头两句"胡为乎株林？从夏南兮？匪适株林，从夏南兮"意思是：为什么筑台株林？因为夏南呦。他们去株林，因为夏南呦！意思非常含蓄。

国人作此诗讽刺他荒淫无度。

泽 陂

彼泽之陂①，有蒲与荷②。有美一人，伤如之何！寤寐无为，涕泗③滂沱④。

彼泽之陂，有蒲与蕑⑤。有美一人，硕大且卷⑥，寤寐无为，中心悁悁⑦。

彼泽之陂，有蒲菡萏⑧。有美一人，硕大且俨⑨。寤寐无为，辗转伏枕。

【注释】

①陂（pí）：泽畔障水的堤岸。

②蒲与荷：蒲，水草，可用来编席。荷，别名，芙蕖。

③涕泗：涕是眼泪。泗是鼻涕。

④滂沱：形容涕泗之多如下大雨的样子。

⑤蕳（jiān）：兰草。

⑥卷（quán）：通婘，美好的样子。

⑦悁悁：忧思。

⑧菡萏：正开花的荷花瓣儿。

⑨俨：美丽。

【赏析】

这是一首情诗，是思念恋人的意思。

诗人信步到那水泽堤岸，看蒲草夹杂着荷花盛开，触景生情，由花想到美人，由美人而感到爱情的苦闷，诉说心情的不安，涕泪纵横，悲凄伤怀。因为对那个漂亮的美人儿，不知怎么办才好？所以睡不着觉（寤寐无为），而"涕泗滂沱"、"中心悁悁"、"辗转伏枕"地失眠了，则把幽艳的景与悲凄的情，恰当地调和了，成功地传达了所要表现的气氛，也生动地呈现了诗人的情绪起伏。

本诗由三章连环体组成，在意象的变化和韵律的调节上都井然有序，是一首很成功的抒情诗，读来令人慨叹自古青年男女无不多情！

桧 风

素 冠

庶①见素冠兮，棘人②栾栾③兮，劳心博博④兮。
庶见素衣兮，我心伤悲兮，聊⑤与子同归兮。
庶见素韠⑥兮，我心蕴结⑦兮，聊与子如一兮。

【注释】

①庶：庶几、希望的意思。
②棘人：女子的自称。
③栾栾（luán）：憔悴消瘦的样子。
④博博（tuán）：忧愁的样子。
⑤聊：含有愿望的意思。
⑥韠（bì）：护膝。
⑦蕴结：忧郁难解。

【赏析】

　　桧，春秋以前的小国，相传在祝融之后，坛姓，在今河南省密县东北，周平王时，被郑武公所灭。本诗不是因为地域而与郑诗乐调不同，而是指它未被归于郑以前的诗。

　　此诗应当是女子思慕男子的诗，诗中棘人，古时候的意思是家里有丧事的人，但看二章三章第二句都是女子的自称，所以此章应当也不例外，棘人是女子自称。而"棘人乐乐"大概就像唐诗所说的"为郎憔悴"吧！

　　整首诗用的是赋体，诗人见"素冠"、"素衣"、"素韠"者，即"乐乐、传传"、"心伤悲"、"心蕴结"，只有暗地里祈求所思慕的男子"同归"、"如一"。

隰有苌楚

隰①有苌楚②，猗傩③其枝。夭之沃沃④，乐⑤子之无知。

隰有苌楚，猗傩其华。夭之沃沃，乐子之无家。
隰有苌楚，猗傩其实，夭之沃沃，乐子之无室。

【注释】

①隰：低湿的地方。

②苌楚：蔓生植物，又名羊桃，叶长而狭、花紫赤色，子像桃而细小像小麦。枝茎弱小，超过一尺就攀在草上。

③猗傩：形容植物被风吹动时娇弱柔顺的样子。

④夭之沃沃：夭，指未长成的草木，此处是为青少年的意思；沃沃，很有光泽的样子。

⑤乐：羡慕。

【赏析】

这是一首描写在混乱的社会，人们忧愁痛苦的诗。诗人因为不能从忧患中解脱出来，便觉得没有知觉的草木、无家无世是值得美慕的了。因为苌楚如果也有知觉，也会像人们一样地忧伤憔悴了，诗人的欣美之词蕴含着对暴政所采取的一种柔弱的抗议。

诗人生在乱世，遭受暴政和重赋的威胁，可是由于顾虑妻儿子女，不敢反抗，无可奈何，痛苦到了极点，无处倾诉的时候，正好看见了泽地的苌楚，于是借题发挥对没有知觉的苌楚倾吐了他的欣美之情。由美慕他人来表露对自己遭遇的不满，正表现了文学情趣。诗人内心的苦闷，希望也像苌楚那样的无知无识。无论环境怎么样，总是枝叶茂盛，光彩猗傩。

人在痛苦忧患之中，常常憎恨自己的有知识、有感应，而美慕草木无知无识的可贵，人若没有知识、没有感应，对于政治的混乱，社会的是非，人群的善恶，毫无分别，毫无见解，就像草木一样，是多么好啊！大概在衰乱的社会，人们不认为活着是一种乐趣，所以才有这种悲哀厌世的心理。如果在太平盛世，家室本来就是温暖的源泉，生命本来是享受的主体，何必去美慕那些无家可归的植物呢？可以想象桧国的政治已经坏到了极点！

匪 风

匪风发兮^①，匪车偈^②兮，顾瞻周道^③，中心怛^④兮！
匪风飘兮，匪车嘌^⑤兮，顾瞻周道，中心吊^⑥兮！
谁能亨鱼^⑦，溉之釜鬵^⑧。谁将西归，怀之好音^⑨！

【注释】

①匪风发兮：匪，彼，意思是"那个"是发语词；发，风声。
②偈：车疾驰的样子。
③顾瞻周道：顾瞻，回头瞻望；周道即大路。
④怛（dá）：忧伤的意思。
⑤嘌：疾。
⑥吊：伤。
⑦亨鱼：通"烹鱼"。
⑧溉之釜鬵（xín）：溉，洗涤；鬵，大釜，是烹鱼的器具。
⑨怀之好音：怀，念，意思是盼望；好音，即好消息，此句的意思是"我盼望能有好消息"或"我愿托他给我捎个平安音信"。

【赏析】

这是桧人忧国思周的诗。犬戎作乱，幽王被杀，镐京沦陷，桧国诗人顺着周道流亡东返（桧在周国的东面），这时候平王东迁，郑国势力增强，而桧国的政治败坏，人民流离失所，痛苦望救，于是诗人作《匪风》来抒发当时忧国忧民的心声。

首章叙述车驰风猛，诗人一路东奔，回头看看抛在车后的大道，心中不由得感伤起来。次章仅将"发""偈""怛"三字换韵为"飘""嘌""吊"而已，意思也一样。末章格调一变，在两个"谁"之间起句，渴望有力者能挽救大局，恢复西周的平静，与桧国的安定，一片忠心溢于言表。

本诗在二四句脚押韵"万"、"音"二字。章法句式的变化，是国风中较少见的。整首诗都是直叙。

曹 风

蜉 蝣

蜉蝣①之羽，衣裳楚楚②。心之忧矣，于我归处③。
蜉蝣之翼，采采衣服④。心之忧矣，于我归息。
蜉蝣掘阅⑤，麻衣⑥如雪。心之忧矣，于我归说。

【注释】

①蜉蝣（fú yóu）：像蜻蜓的昆虫，略小，栖息在水边，又能飞行到空中，成虫往往数小时就死，生命短促，所以有朝生暮死的说法。

②楚楚：鲜明的样子。

③于我归处："于我"意思是"我且"；归处，和下章的"归息""归说"都是死的意思。

④采采衣服：采采，华美盛饰。

⑤掘阅：穿穴，蜉蝣幼虫生在粪土中。

⑥麻衣：白布衣，这里指蜉蝣的白羽。

【赏析】

曹是小国，封域大概在当今山东荷泽、定陶一带，曹都故址，在山东省曹州，鲁哀公八年被宋所灭，依照郑玄的说法，曹风四首是东周初期，昭公姬班和他的儿子共公姬襄时代的诗歌。

曹昭公穿着华美衣服，国家势力衰弱而不知道着急，诗人作诗来讥刺他。但诗中充满哀凄音调，也许是悼亡的挽歌。死者衣裳像蜉蝣楚楚鲜艳的羽翼，妻啊（或夫啊）！不久我将会到你那儿去的，"归处"、"归息"、"归说"都是死的意思，各章末句都以誓死同穴的表现，预兆了他们绵绵不尽的爱恋痛惜之情。诗中取蜉蝣采采的外表，正象征死者亮丽的人生，而蜉蝣的朝生暮死，更是所爱者生命短暂的影子，由于蜉蝣而联想到自己所爱的人，一片无常之感云涌而至，于是高呼："心之忧矣！于我归息"。

本诗用兴体，诗人见物生情，每章的前后两部分，经过浓缩和跳跃，连接两个意象的差距，来完成这架构。诗中"羽"、"楚""处"等音响低沉的韵脚，最能表现哀悼忧伤的气氛。

侯 人

彼侯人①兮，何②戈与祋③。彼其之子，三百赤芾。
维鹈在梁，不濡其翼。彼其之子，不称其服。
维鹈在梁，不濡其咮④。彼其之子，不遂其媾⑤。
荟兮蔚兮⑥，南山朝隮⑦。婉兮娈兮，季女斯饥。

【注释】

①侯人：掌管治安和边境出入的官。
②何：用肩扛着。
③祋：古兵器。棍棒类。
④咮：鸟嘴。
⑤不遂其媾：不配其厚禄。
⑥荟兮蔚兮：云气浓盛的样子。
⑦隮：升云。一说彩虹。

【赏析】

这是一首姑娘求爱的诗，姑娘主动向男子发出爱情攻势，大胆地向他表达自己急于求爱的迫切心理。从诗中最后一句可以看出，"多么美好啊，少女已经饥渴到了极点"。

本诗还有同情侯人，讽刺不称其职的贵族士大夫的意义。诗中对比描写了辛勤劳动遭罪的小吏和待遇优厚的达官贵人，讽刺贵人们不劳而获就像食鱼不沾湿嘴的鹈鸪，终日无所事事；还对遭受艰辛连自己女儿都在挨饿的小吏表现了深切的同情。诗的对比是鲜明的，讽刺也是辛辣的。

鸤 鸠

鸤鸠①在桑，其子七兮。淑人君子，其仪②一兮，其仪一兮，心如结兮。

鸤鸠在桑，其子在梅。淑人君子，其带伊丝。其带伊丝，其弁伊骐③。

鸤鸠在桑，其子在棘。淑人君子，其仪不忒④。其仪不忒，正是四国。

鸤鸠在桑，其子在榛⑤。淑人君子，正是国人。正是国人，胡不万年⑥！

【注释】

①鸤（shī）鸠：布谷鸟。

②仪：态度。

③其弁伊骐：弁，皮冠；伊，维、是；骐，本是青黑色的马，此处解释为青黑色的皮冠。

④忒：差错。

⑤榛：落叶乔木，高二三丈，大叶，春天开长穗状的花，实际形状为苞形，一苞有一实，味道和胡桃差不多。

⑥胡不万年：何不万年？即祝贺长寿万年。

【赏析】

这是首赞美贤明的政治家行为始终如一，爱民如子的诗篇。

诗人借着拥有七只小鸟的布谷鸟起兴，叙述它爱养小鸟公平如一（据说布谷鸟养子，早上从上喂到下，晚上由下而喂到上，平均如一，以同样的爱对待它的每一个孩子，习性就是这样），家庭生活乃是政治的根本，家室安定才能治国，所以借以联想贤人在位，政治清明，仪法统一，国泰民安的社会；如此勤政爱民，仁者也不过如此。

诗人换角度赞美他之后，画龙点睛，由赞美而祈望他的长寿万年，正表示对他为主政者的敬仰之深。

象征意义的恰当，使所歌诵的政治家，更加显得慈和亲切。

豳 风

鸱 鸮

鸱鸮^①鸱鸮！既取我子，无毁我室！恩斯勤斯^②，鬻子之闵斯^③。迨^④天之未阴雨，彻彼桑土^⑤，绸缪牖户^⑥。今女下民，或敢侮予。予手拮据^⑦，予所捋^⑧荼，予所蓄租^⑨，予口卒瘏^⑩，曰予未有室家^⑪。予羽谯谯^⑫，予尾翛翛^⑬，予室翘翘^⑭，风雨所漂摇^⑮。予维音哓哓^⑯。

【注释】

①鸱鸮（chī xiāo）：即猫头鹰，专捕其他小鸟为食。古人一直认为这种鸟为恶鸟。

②恩斯勤斯：恩即殷，斯是语尾助词，没有含义。殷勤意思是"辛辛苦苦地"。

③鬻子之闵斯：鬻通育，子指雏鸟，闵即病，意思是"我就是为抚育小鸟才累得病了"。

④迨：及。

⑤彻彼桑土：彻，剥取；桑土的土是杜的假借，桑杜指桑根。

⑥绸缪牖户：绸缪，缠得很紧；牖户原指门窗，此处指巢的空隙。

⑦拮据：形容双手劳累；或说是口手不空闲的样子。后来人们比喻境况窘迫或事情为难。

⑧捋（luó）：取得。

⑨蓄租：蓄，积聚；租通苴，茅草。

⑩卒瘏：卒，究竟，终了的意思；瘏，口病。

⑪室家：巢。

⑫谯（qiáo）谯：羽毛脱落憔悴的样子。

⑬翛翛（xiāo）：羽毛干枯不润泽。

⑭翘翘：危而不安的样子。

⑮风雨所漂摇：指巢被雨所漂，被风所摇。

⑯哓（xiāo）哓：由于恐惧而发出的哀鸣。

【赏析】

《鸱鸮》是《诗经》中绝无仅有的一篇绝妙的禽言诗。通篇以一只失去小鸟但仍努力营筑巢室的母鸟的口吻，写出她自己的辛勤劳瘁。以情理推度，诗人不会有的放矢，作无病呻吟的诗，所以此诗应当是一首别有寄托的寓言诗。

全首诗都用隐喻，借禽言来叙述自己的志向。首章恐惧恶鸟危害小鸟的母鸟，对恶鸟鸱鸮做哀怨的控诉，不许它再毁坏自己的巢室。第二章母鸟未雨绸缪，防祸未然，殷勤修筑巢室的情况，希人勿侮慢自己，语语迫切有力。第三章母鸟自言筑巢很艰难，由于用"捋荼""蓄租"来垫巢室，结果爪和嘴都因过于疲劳而病了，末章承接第三章，以叠字形容自己已筋疲力尽，但巢室已经初步修成，但处境仍然很危险，所以恐惧而悲鸣。

豳风的诗，章的结构和语法似乎都比以前的诗有进步，章中句的安排变化较多，双声（拮据）叠韵（恩勤、绸缪、漂摇）用得活灵活现，位置的变化，句法的新奇，音韵的圆美，尤其末章的五句，连用四句叠字（谯谯、翛翛、翘翘、哓哓），句间叠韵（漂摇）尤为得力，令人耳目一新。

东 山

我徂东山①，慆慆②不归。我来自东，零雨其濛③。我东曰归，我心西悲。制彼裳衣④，勿士行枚⑤。蜎蜎者蠋⑥，烝⑦在桑野。敦⑧彼独宿，亦在车下。

我徂东山，慆慆不归。我来自东，零雨其濛。果臝⑨之实，亦施于宇；伊威⑩在室，蟏蛸⑪在户，町畽⑫鹿场，熠耀宵行⑬，不可畏也，伊可怀也。

我徂东山，慆慆不归。我来自东，零雨其濛。鹳鸣于垤⑭，妇叹于室。洒扫穹窒⑮，我征聿至⑯。有敦瓜苦⑰，烝在栗薪⑱。自我不见，于今三年。

我徂东山，慆慆不归。我来自东，零雨其濛。仓庚⑲于飞，熠耀其羽。之子于归，皇驳⑳其马，亲结其缡㉑，九十其仪㉒。其新孔嘉，其旧如之何㉓？

【注释】

①我徂东山：徂，往；东山，东征的地方。

②慆（tāo）慆：久久。

③零雨其濛：零雨，细雨，小雨；濛，形容小雨的状词，今口语中有"濛濛细雨"的说法。

④制彼裳衣：制，制作；裳衣，普通的服装。

⑤勿士行枚：勿士，勿事、不必做；行，出征；枚，衔枚，古人行军，口中横衔着枚（枚是像筷子似的东西），以防止出声，这里的意思是"不要从事战争"。

⑥蜎（yuān）蜎者蠋（zhú）：蜎蜎，蠕动的样子；蠋，桑间野蚕。

⑦烝：发语词，乃、曾的意思。

⑧敦：团团。

⑨果嬴（luǒ）：蔓生的葫芦科植物，果实和黄瓜差不多，根可入药，又叫天瓜，俗名天花粉。

⑩伊威：又作咿威，虫名，椭圆而扁的甲虫类，灰色多节足，生在潮湿的地方，俗呼潮虫。

⑪蟏蛸（xiāo shāo）：虫名，是一种长足的小蜘蛛。

⑫町畽（tuǎn）：指地面上被鹿踏过有痕迹的地方。

⑬熠（yì）耀宵行：熠耀，闪烁发亮的样子；宵行即磷火，俗称鬼火。

⑭鹳鸣于垤（dié）：鹳，水鸟名，跟鹤很相似但顶不红，全身灰白色，尾巴黑色；垤，小土堆。

⑮穹窒：空室。

⑯聿（yù）至：到家。

⑰瓜苦：苦瓜。

⑱栗薪：堆积的薪柴。

⑲仓庚：黄鹂。

⑳皇驳：皇，黄白色相间的马；驳，黑鬃而夹杂白色的马。

㉑亲结其缡（lí）：缡，即蔽膝的佩巾，古时女子出嫁时，母亲亲自为女儿结好佩巾。

㉒九十其仪：说明结婚仪式细节的繁多。

㉓其新二句：孔，非常；嘉，美；旧，久。大意是"女子刚结婚来时很美，一晃三年，不晓得怎样了。"

【赏析】

这是一首描写士卒在还乡途中思念家乡的抒怀之诗。可能与周公东征有关，有些学者则认为是周公为了慰劳士卒们而作。

首章写久征而归，想象可以"脱我战时袍，着我旧时裳"，暗自庆幸从此不用上战场了，像蜎蜎的野蚕，孤独地蜷曲着身体独自一人睡在桑野的地方，说明心情轻松愉快。

二章写归途中思念久别的家园，虽然家园景物的荒凉令人畏惧怆恨，但想到家乡还有"伊可怀也"，一时畏惧怆恨都没有了，一心一意要回家看他所怀念的伊人。

三章写他想象自己的妻子正在想念他的情况，战士的脑海出现在妻子那荒宅中悲叹着，可是一听丈夫即将回来，为迎接他的归来，正在清洁屋宇，把两人分开的痛苦剪接在一起，最后导入往日缠绵恩爱的快乐气氛之中，而这快乐正是两人所共有的。

末章春光乍现，呈现着三年前新婚时夫妻嬉笑的回忆，"其新孔嘉，其旧如之何"？（妻子刚嫁来时很美，一晃三年不知怎样了？）因为憧憬着久别重逢之乐，更显现盼望早日归去与妻子团聚的迫切心理，诗人写得淋漓畅快。古来写征人凯归的诗，很难找到第二首如此高水平的。

"东山"在格调上每章首四句相同，而"我徂自东，慆慆不归"两句没有押韵，以独韵起，可说是独创一格的；而各章首四句相同，后八句情景不同，也是国风中比较少见的。倒装句使本诗造成惊异的效果，在节奏的变化和调节上可以达到明亮与协调，余音袅袅，不绝如缕。末章的"其羽"、"其马"、"其缟"、"其仪"与"其新""其旧"的相呼应：就如他的心情一般，由低处提升到快乐的高峰。

伐 柯

伐①柯②如何？匪斧不克③。取妻④如何？匪媒不得。
伐柯伐柯，其则不远⑤。我觏⑥之子，笾⑦豆⑧有践⑨。

【注释】

①伐：砍伐。

②柯：斧柄。

③克：能。

④取妻：迎娶媳妇。

⑤则：法。其则不远：合乎礼法。

⑥觏：遇见。

⑦笾（biān）：古代祭祀和宴会时盛果品的竹篾食具。

⑧豆：古代盛肉或其他食品的木制器皿。

⑨践：陈列整齐的样子。

【赏析】

它是一首婚礼中感谢媒人的诗，章节少，意思比较简单。

第一章用做斧头需要斧柄的道理，来说明在婚姻中媒人的重要作用；第二章中说明媒人是我们的好榜样，婚宴礼节中有了媒人就万事大吉了。诗中含有男子感谢媒人的介绍，以及婚宴时祥和如意的场面。

狼　跋

狼跋①其胡②，载③疐④其尾。公孙⑤硕肤⑥，赤舄⑦几几⑧。
狼疐其尾，载跋其胡。公孙硕肤，德音⑨不瑕⑩！

【注释】

①跋：踩、践踏。

②胡：颈下的垂肉。

③载：又、且。

④疐（zhì）：断、牵绊。

⑤公孙：国君子孙，这里指贵族子弟。

⑥硕肤：肥胖的样子。

⑦赤舄（xì）：贵族穿的红鞋。

⑧几几：盛。鞋尖翘起的样子。

⑨德音：名誉。

⑩瑕：过、不差。

【赏析】

这是一首嘲讽贵族的诗篇。

本诗两章的笔法相同，都把奢侈的贵族比喻成没了胡子、断了尾巴的狼，即头两句："狼跋其胡，载疐其尾"。

诗的后两句引申的意思为"即便你挺着肚皮，穿着高贵的红鞋子，但你荒淫无度、卑鄙奢侈的本质并没有变"。

〔小雅〕

鹿鸣之什

鹿 鸣

呦呦①鹿鸣，食野之苹②，我有嘉宾，鼓瑟吹笙。吹笙鼓簧③，承筐是将④，人之好我，示我周行⑤。

呦呦鹿鸣，食野之蒿。我有嘉宾，德音孔昭⑥。视民不恌⑦，君子是则是傚⑧。我有旨酒，嘉宾式燕以敖⑨。

呦呦鹿鸣，食野之芩⑩。我有嘉宾，鼓瑟鼓琴。鼓瑟鼓琴，和乐且湛⑪。我有旨酒，以燕乐嘉宾之心。

【注释】

①呦呦（yōu）：鹿鸣的声音。拟声语。

②苹：蒿类植物，又名藾蒿，嫩时可食。

③簧：笙的舌片。

④承筐是将：承，捧着；筐，用以盛币帛送礼的竹器；将，进奉。此句意思是"把币帛盛在筐里送给客人"。

⑤周行（háng）：大道，引申为道理。

⑥孔昭：孔，甚至；昭，清脆。

⑦视民不恌：视，通示，示范、启示；恌，通佻，轻薄。

⑧则是傚：效法的意思。

⑨式燕以敖：式，发语词；燕，通"宴"；敖，舒畅欢乐。

⑩芩：一种蔓生的草，茎如钗股，叶如竹。

⑪湛：通"耽"，极其欢乐。

【赏析】

《鹿鸣》是小雅鹿鸣之什的首篇，也是《小雅》的首篇。

《诗经》的第二部分是《小雅》，共有诗七十四篇，每十篇为一组，共八组。雅即典雅、优雅的意思，大概是借以强调所有属于小雅的诗篇，都是宫廷大臣或贵族所写的，而不是老百姓写的。

"鹿鸣"三章，都是兴体。第一章以鹿鸣食苹为兴，接着叙述宴会上鼓瑟吹笙，给嘉宾演出，所请的嘉宾，不是本国群臣，就是诸侯使者，而谦冲的主人则进币帛，请他们指示大道。

次章以鹿鸣食蒿为兴，叙述主人赞美嘉宾，殷殷劝酒的情景。末章以鹿鸣食芩为兴，着重叙述奏乐饮酒，宾主尽欢的场面。

《诗经》时代的音乐早已不传，我们没法欣赏《鹿鸣》里的音乐，但从歌词音节的和谐悦耳来说，我们足以感受到"欢欣和悦"的气氛，周朝贵族的会宴情景，也就大概如此吧？

四 牡

四牡騑騑①，周道倭迟②。岂不怀归③？王事靡盬④，我心伤悲。
四牡騑騑，啴啴骆马⑤。岂不怀归？王事靡盬，不遑启处⑥。
翩翩者雎⑦，载飞载下⑧。集于苞栩⑨，王事靡盬，不遑将父⑩。
翩翩者雎，载飞载止，集于苞杞⑪。王事靡盬，不遑将母。
驾彼四骆，载骤骎骎⑫。岂不怀归？是用作歌⑬，将母来谂⑭。

【注释】

①四牡：指驾车的四匹雄马。騑騑（fēi）：行走不止貌。

②周道：大道。倭迟：即"逶迤"，道路崎岖不平，辽远。

③怀归：思归。

④靡盬（gǔ）：没有止息。

⑤啴啴（tān）：马疲惫喘息貌。骆马：白马黑鬣。

⑥不遑：无暇。启：即所谓"危坐"，相当于今之跪。处：即"安坐"，古代所谓"安坐"，是先跪下来，再将臀部坐于自己脚后跟上。

⑦翩翩：飞行貌。雎（zhuī）：斑鸠。或以为祝鸠。或以为鸽子。

⑧载飞载下：上下飞翔。载，语气词。

⑨集：落。苞栩，丛生的柞木。

⑩将：养（辽宁东部一带俗间仍说"将养"）。

⑪杞：灌木，又名枸杞。

⑫骤：疾驰貌。骎骎（qīn）：马奔驰貌。

⑬是用：是以，所以。

⑭将母来谂（shěn）：将母亲来思念。谂，念。

【赏析】

这是一篇久役不归而思家之作，诗意甚明。如果把本诗与《鸨羽》联系起来看，则可相得益彰：两诗都以鸟的飞翔和降落于丛生灌木中，令人联想服役劳苦、宿无定所的情形。他们之所以"载飞载下"、"载飞载止"，是因为找不到合适的落脚点，这种描写在《小雅》中有三篇，都与动乱和行役的辛劳不安有关，集于"苞栩"、"苞杞"的描写，也象征着行役之人野外露宿的凄苦。因为栩、棘、杞、桑，这些丛生的灌木大多是有刺的树木，是不易落脚的，这些自然环境也是生命环境艰苦的代码。《诗经》中讲述周部族祖先经营岐周之地时，特别提到拔柞械、开道路的情景，意在描述祖先开创事业的艰辛，可以想见，在杂木丛生的原野上行进的人们，他们的感受是怎样的呢？《诗经》中三篇提到苞栩一类的杂木，情调都是忧伤的，应该都与象征人类的生存环境之艰难有关。

于是，我们看到，飞鸟的"载飞载止"与其降落于苞栩、苞棘的描写，是诗人有固定内涵的"兴象"，其远古的"始基"盖来自人类征服自然环境的艰难过程，那过程充满了人类的情感，所谓"自然向人生成"，就应该包含着理性与情感的双重效应。

常　棣

常棣①之华②，鄂③不韡韡④。凡今之人，莫如兄弟。
死丧之威⑤，兄弟孔怀⑥。原隰裒⑦矣，兄弟求矣。
脊令⑧在原，兄弟急难⑨。每有⑩良朋，况⑪也永叹。
兄弟阋于墙⑫，外御其务⑬。每有良朋，烝⑭也无戎⑮。
丧乱⑯既平，既安且宁。虽有兄弟，不如友生⑰。
傧⑱尔笾豆，饮酒之饫⑲。兄弟既具，和乐且孺⑳。
妻子好合㉑，如鼓瑟琴。兄弟既翕㉒，和乐且湛。
宜尔室家，乐尔妻帑㉓。是究是图，亶其然乎㉔！

【注释】

①棠棣：木名，现在的郁李。

②华：花。

③鄂：通"萼"，花萼。

④韡韡（wěi）：光明的样子。

⑤威：通"畏"，指死丧害怕的事。

⑥孔怀：十分怀念。

⑦裒（póu）：跌倒。

⑧脊令：鸟名。头黑额白，背黑腹白，尾长，住水边。

⑨急难：救急于危难。

⑩每有：虽有。

⑪况：给予。

⑫兄弟阋于墙：兄弟因为内部的事争吵。阋，争斗。

⑬务：通"侮"。

⑭烝：乃，就是。

⑮戎：帮助。

⑯丧乱：死丧祸乱。

⑰友生：友人，友好的异性。

⑱傧：陈列。

⑲饫：私，指私宴，家族中的宴会。

⑳孺：快乐，这里指相亲。

㉑好合：关系融洽。

㉒翕：合、聚。

㉓孥：儿女。

㉔亶其然乎：确实这样。亶，确实。

【赏析】

这是一首描写兄弟亲人欢聚宴饮的诗。

全诗共分八章，分别从不同的侧面叙述兄弟情深。开始把兄弟感情比喻常棣花开，任何花都不如它漂亮。接着写人遇到恐惧、死亡的时候都会首先想到亲人，哪怕在尸骨遍野的地方，兄弟也会寻找亲人；第四章写平时兄弟在家打闹不休，可到了外面还是手足情深。后三章描写兄弟亲人宴饮的场景：拿起你的酒杯、听着悦耳的琴声、和睦的家庭多么美好，兄弟之间的快乐真是无穷无尽啊！

伐 木

伐木丁丁①，鸟鸣嘤嘤②。出自幽谷③，迁于乔木。嘤其鸣矣，求其友声。相④彼鸟矣，犹求友声，矧⑤伊人矣，不求友生⑥。神之⑦听之，终和且平。

伐木许许⑧，酾酒有藇⑨。既有肥羜⑩，以速诸父⑪，宁适不来，微我弗顾⑫。于粲⑬酒扫，陈馈八簋⑭。既有肥牡⑮，以速诸舅⑯。宁适不来，微我有咎。

伐木于阪⑰，酾酒有衍⑱，笾豆有践，兄弟无远。民之失德，干餱以愆⑲。有酒湑⑳我，无酒酤我。坎坎㉑鼓我，蹲蹲㉒舞我。迨我暇矣，饮此湑矣。

【注释】

①丁丁（zhēng）：用刀斧砍木头的声音。

②嘤嘤：鸟鸣声。

③幽谷：深谷。

④相：意思是"看看"。

⑤矧：何况。

⑥友生：朋友。

⑦神之：谨慎。

⑧许许：用锯伐木的声音。

⑨酾酒有藇：酾（shī），以竹器漉酒，把酒糟澄滤干净；藇（xù），指酒味美好。

⑩羜：五个月的小羊。

⑪以速诸父：速，邀请；诸父，同姓长辈。

⑫宁适二句：适，凑巧；此句意思是"宁使他们有偶然之事而不来，而不是我愿意的缘故不来"；下文"宁适不来，微我有咎"意思与此处相近，咎，过失。

⑬于粲：于，感叹词；粲，鲜明的样子。

⑭陈馈八簋：陈，摆列；馈，食品；簋（guǐ），盛食物的器皿；八的意思是多。

⑮牡：指雄性。

⑯诸舅：指异姓长辈。

⑰阪：山坡。

⑱衍：多。

⑲干餱以愆：餱，指干粮，此则泛指粗劣的食品；愆，过失。

⑳湑：与醑相同。

㉑酤：买酒。

㉒坎坎：击鼓声。

㉓蹲蹲：跳舞的样子。

【赏析】

《伐木》是宴请亲朋好友叙旧时所唱的歌，从诗中所用的"伐木"、"鸟鸣"等比兴来看，本诗原出自民间而被贵族所采用，或者是贵族文人仿照民歌而作的。

《伐木》的风格和《鹿鸣》差不多，这种"正小雅"的燕飨乐歌，是小雅的本色，但"伐木"和"鹿鸣"仍有不同之处，宴饮朋友的情调毕竟和燕飨贵宾不同，在这种场合中，都暂时摆脱了一切束缚，击鼓歌唱跳舞通宵达旦；《鹿鸣》只涉及音乐，而《伐木》除音乐击鼓之外，更涉及了宴饮时的舞蹈，这乐歌是配合宴饮时所唱的，可以看出小雅的诗中有许多和颂诗同样是合歌舞乐三者而一了，《墨子·公孟篇》也说："儒者诵诗三百，弦诗三百，舞诗三百。"

诗中多次用倒装的句法，更为一大特色，末章连续四句的"湑我"、"酤我"、"鼓我"、"舞我"，实际是"我湑"、"我酤"、"我鼓"、"我舞"的倒装，而此四个"我"字都是感叹词；为"哦"的意思，但作"我"也可以解释得通。

天 保

天保定尔①，亦孔之固②。俾尔单厚③，何福不除④？俾尔多益⑤，以莫不庶⑥。

天保定尔，俾尔戬谷⑦。罄无不宜⑧，受天百禄⑨。降尔遐福⑩，维日不足⑪。

天保定尔，以莫不兴⑫。如山如阜⑬，如冈如陵⑭。如川之方至⑮，以莫不增⑯。

吉蠲为饎⑰，是用孝享⑱。禴祠烝尝⑲，于公先王⑳。君曰卜尔㉑，万寿无疆。

神之吊矣㉒，诒尔多福㉓。民之质矣㉔，日用饮食㉕。群黎百姓㉖，遍为尔德㉗。

如月之恒㉘，如日之升。如南山之寿，不骞不崩㉙。如松柏之茂，无不尔或承㉚。

【注释】

①保：保护。定：平安。

②亦：又。孔：甚。之：其。

③俾：使。单：本字当作"亶"，诚，厚。

④除：通"予"，训"赐予"。或以为"储"，训"积蓄"。

⑤多益：多富，即富有。

⑥庶：众多。

⑦戬（jiǎn）谷：福禄，亦即幸福。

⑧罄（qìng）：尽，指所有的一切。

⑨百禄：百福。百，言其多。

⑩遐福：远福，即久长、远大之福。

⑪维日不足：维，通"虽"，此言因福之多而广远，日日享福也享受不完。犹今人言享不尽的荣华富贵。

⑫兴：兴盛。

⑬阜（fù）：高丘。

⑭陵：丘陵。

⑮如川之方至：如河水方涨。方，并，齐。

⑯增：增加。

⑰吉蠲（juān）：指吉日斋戒沐浴。蠲，清洁。为饎（chì）：置办酒食。饎，酒食。

⑱孝享：献祭。孝，祭祀。

⑲禴（yuè）祠烝尝：四时祭祖的不同名称。春日祠，夏日禴，秋日尝，冬日烝。

⑳于公先王：指献祭于先公先王。

㉑君：先君。指祭祀时扮演先君的神尸。或以为君借为"群"，指群臣。卜：付，给予。或以为"报"。

㉒之：是，如此，这样。吊：应训"淑"，即善。

㉓诒：送，赠给。

㉔质：质朴，诚实。

㉕日用饮食：以日月饮食为事，形容人民质朴之状态。

㉖群黎：民众，指普通劳动人民。百姓：贵族，即百官族姓。

㉗为：读"讹"，即变化。

㉘恒：常，即永恒。

㉙骞：亏损。崩：崩溃。

㉚或承：即"是承"。承，继承，承受。

【赏析】

　　这纯然是一篇臣下对君王的祝福之辞，但诗中表现了可贵的理性精神的萌芽，即人们经常说到的周代"敬天保民"思想。

　　诗中反复强调的是上天与君王之德，这就是人们常说的周人"敬天保民"思想的表现。需注意的是，诗中所言敬祖，重在继承周部族祖先的德行（《国语》所谓"孝鬼神"，即遵循先祖的作为），也还是敬天保民。所以，诗中虽然讲了许许多多上天神灵赐福的话，关键还是把神灵与百姓对应地联系起来。这是在由殷商文明到周文明转化期，即由完全地依附于神灵到把神与民联系起来的过程中，表现出人可贵的"类觉醒"理性精神之萌生。

　　诗中许多祝福的话，成为农业民族实现幸福、希望和理想的典型语言，特别是三章和卒章，本是人人能懂的话，倘今人顺口说出来，也显得温雅庄重。一经翻译成现代汉语，明白了，可是失去了庄重的特点。四字句典雅的风格和美感（俗话说"那个味儿"、"那个劲儿"或"那种感觉"），是无可取代的。倘若把山川大地万物的繁兴与财富的积累，扩展开来，就成为汉赋中大段的山水、动植、物产的铺叙，我们由此可以略微看出周代文明作为中华礼乐文明基础的意义。

采 薇

采薇①采薇，薇亦作止②。曰归曰归，岁亦莫止。靡③室靡家，猃狁④之故。不遑启居⑤，猃狁之故。

采薇采薇，薇亦柔止。曰归曰归，心亦忧止。忧心烈烈⑥，载饥载渴⑦。我戍未定，靡使归聘⑧。

采薇采薇，薇亦刚⑨止。曰归曰归，岁亦阳⑩止。王事靡盬，不遑启处。忧心孔疚⑪，我行不来⑫。

彼尔⑬维何？维常⑭之华。彼路⑮斯何？君子⑯之车。戎车既驾，四牡业业⑰。岂敢定居，一月三捷。

驾彼四牡，四牡骙骙⑱，君子所依⑲，小人所腓⑳，四牡翼翼㉑，象弭鱼服㉒。岂不曰戒，猃狁孔棘㉓。

昔我往矣，杨柳依依㉔。今我来思，雨雪霏霏㉕。行道迟迟，载渴载饥。我心伤悲，莫知我哀。

【注释】

①薇：野菜名，即野生的豌豆苗，初生时可以吃。

②作止：作，生出；止，语尾助词，没有含义。

③靡：无。

④猃狁（xiǎn yǔn）：在西北方的种族名称，殷末周初称鬼方，西周时称猃狁，春秋时称北狄，秦汉时称匈奴。

⑤不遑启居：遑，暇、时间；启，跪，古时用席，不论坐跪都是两膝着席，坐时把臀部贴在足跟上，跪时则将腰部伸直，臀部同足跟离开，此处的跪实际指坐，启居合称，意思是安居。

⑥烈烈：形容忧心如焚的样子。

⑦载饥载渴：载……载……，即又……又……。

⑧我戍二句：戍，驻防的地方；归，使；聘，问。这两句的意思是："我驻防的地方不固定，无法使人捎信回去问候家人。"

⑨刚：指植物老了，变得粗硬了。

⑩阳：指十月，现在也称十月为"小阳春"。

⑪孔疚：孔，非常；疚，病痛；孔疚，（心中忧愁）非常痛苦。

⑫来：慰问。

⑬尔：花盛开的样子。

⑭常：即常棣，木名，花两三朵成一撮，开时向下垂着，果实同李子差不多。

⑮路：通"辂"，车高大的样子。

⑯君子：此指主帅。

⑰四牡业业：牡（mǔ），驾车的雄马；业业，高大的样子。

⑱骙骙（kuí）：强壮的样子。

⑲依：乘。

⑳腓：隐蔽掩护。

㉑翼翼：行列整齐的样子。这里指训练有素。

㉒象弭鱼服：弭，弓两端触弦的地方；是用骨头做的，意思是：用象牙做弓弭；服，盛箭的器具，意思是：用鱼兽制成的箭囊。

㉓孔棘：非常紧急，棘通"亟"。

㉔依依：指柳条迎风披拂，柔嫩婀娜的样子。

㉕雨雪霏霏：雨是动词，雨雪即下雪；霏霏，雪盛大而纷飞的样子。

【赏析】

小雅诗篇，一般都比国风长，而且主要是讲贵族生活上那些宴会、祭祀、狩猎等，多是公开性质的欢乐事件，但是也有爱情诗篇，也有慨叹战争的折磨，并且责难暴政，控诉污蔑人民的贪官恶吏，以及上层阶级的奢侈生活与其他性质相同的政治病态。这一类的诗虽然是写对君王表示抗议，并使他们睁开眼睛看看种种邪恶的事，但却常常使用隐喻。

那些讲游乐、狩猎的诗篇并没有太多深意，它们都有一种兄弟们在一起共同欢乐的爽朗豪迈的气魄，对于食物、家具、服饰、盔甲，以及贵族们的其他用具，都有十分详尽的描述，是典型的封建时代的文学作风，对研究物质文化的学者来说，是极好的资料宝库。至于那些哀叹及谴责诗篇，由于情绪激烈，所以更能撼动人心。《采薇》正属于此类，它描写战争带给人民的痛苦，无论谁读了这几行诗，都不会不受感动的。

由于战争，百姓不能安居乐业，不得不背井离乡从事战斗，"采薇"正借戍卒的生活反映戍边作战的凄苦境况。首章写为了征伐玁狁而离家远征在外。二章三章写戍卒驻防的地方不固定，与家人隔绝联系，及种种饥渴劳苦的状态。四章五章追述戍守时紧张劳苦的生活。末章写士卒在归途中抚今追昔，因痛定思痛而更加悲伤，但"我心伤悲"却"莫知我哀"，实乃真情流露。

出　车

我出我车①，于彼牧矣②。自天子所③，谓我来矣④。召彼仆夫⑤，谓之载矣。王事多难，维其棘矣⑥。

我出我车，于彼郊矣。设此旐矣⑦，建彼旄矣⑧。彼旟旐斯⑨，胡不旆旆⑩？忧心悄悄⑪，仆夫况瘁⑫。

王命南仲⑬，往城于方⑭。出车彭彭⑮，旂旐央央⑯。天子命我，城彼朔方⑰。赫赫南仲⑱，玁狁于襄⑲。

昔我往矣，黍稷方华⑳；今我来思，雨雪载途㉑。王事多难，不遑启居。岂不怀归？畏此简书㉒。

喓喓草虫㉓，趯趯阜螽。未见君子，忧心忡忡。既见君子，我心则降。赫赫南仲，薄伐西戎㉔。

春日迟迟㉕，卉木萋萋㉖。仓庚喈喈㉗，采蘩祁祁㉘。执讯获丑㉙，薄言还归㉚。赫赫南仲，玁狁于夷㉛。

【注释】

①我出我车：即"我出车"。《诗经》中为四字句，故加一"我"字补足四字。

②牧：指郊外可放牧之地。"牧"与"郊"，散言则通，对言则异。此诗一、二章言整师于郊的情况。

③自：从。天子所：指朝廷。一说指周京。

④谓：使，派遣。

⑤仆夫：车夫。

⑥维其：维，发语词。其，指"王事"。棘：急，指情势紧急。

⑦旐（zhào）：绘有龟蛇图案的旗。

⑧旄（máo）：干旄，见《干旄》注。

⑨旟（yú）：绘有鹰隼图案的旗。斯：语助词，犹"兮"。

⑩胡不：岂不。旆旆（pèi）：此处当是形容旗盛之貌。

⑪悄悄：忧思貌。

⑫况：当读为"怳"：失意貌。"怳瘁"是言其没有精神、憔悴无力状。

⑬南仲：宣王时的大将，又见《常武》篇。即《汉书·古今人表》之南中。或以为即《六月》中的张仲。

⑭城：筑城。于方：与下"朔方"相对成文，当是地名。具体所指待考。

⑮彭彭：众盛貌。

⑯旂（qí）：画有双龙并有铃的旗。央央：鲜明貌。

⑰朔方：北方。

⑱赫赫：形容威名显赫。

⑲猃狁：古代北方的游牧民族，见《采薇》注。襄，通"攘"，除。"猃狁于襄"犹言"猃狁是除"。

⑳华：花，指秀穗。

㉑载途：满路。途，道路。

㉒简书：盟书。一说"策令临遣之词也"。

㉓喓（yāo）喓草虫：昆虫的叫声。

㉔薄伐：猛击，讨伐。薄，同"搏"。

㉕迟迟：舒缓之貌。

㉖卉木：草木。萋萋：茂盛貌。

㉗仓庚：鸟名。喈喈：形容鸟鸣之声。

㉘祁祁：众多貌。

㉙执、获：捕获。"讯"字金文像人反缚形，外加"口"或"言"，以示可审问之意，当指"军舌头"。"丑"指敌众。由逮住"军舌头"而获得敌情，而俘虏敌众，这是一个过程。

㉚还归：旋归，即凯旋。

㉛夷：平定。

【赏析】

这是一首歌颂出征凯旋的诗，诗中写了将军对他同僚南仲热烈的赞美，也抒发了他在战争中复杂的情绪。

　　一章言受命出征，写出师戒严光景。二章再就旆旐点出出师行色，有风卷牙旗、出行迅速气象。头两章同时写入诗人对国事的忧虑、对战事的焦急、部署的周密。三章言南仲与自己同时受命出征、筑城的具体任务。四章写班师归途情景，感慨容与，是中间过渡文字。方玉润云："以上了一事，此下又生一事。以事之曲折为文之波澜。"五章忽插入室家之思，婉媚有情。徐光启云："'薄伐西戎'是拟议之辞。盖室家思念，无所不至，故作此意外之想。此等处正是诗家三昧，若作实说，去以千里。章法妙品。"六章言班师，前六句言班师之乐，末二句见成功之大。两者相辅相成，无平定玁狁之大功，则无内地太平繁荣景象；此太平繁荣之乐，正为平定玁狁之大功也。牛运震云："太平春色如画，此凯旋图也。借卉木仓庚点染春色满目，笔端最闲最雅，独以平玁狁作结，极得要领，正伐玁狁为制玁狁之要策也。"

　　还要指出的是，五章"喓喓草虫"是袭用《草虫》的成句，原诗是表现男女夫妇之思的，而这里则表现"我"对"南仲"的想见之切——这里说的是感情，而不是他们实际的上下级或同事或战友的关系。显然是以男女夫妇的关系表现他们两人关系之密切。因为人间情感之密切、之深厚，其想见之急切、之痛切，莫如男女夫妇之情了。我们对屈原诗中以男女夫妇喻君臣的由来，也就不必感到突然，对屈原学习和接受北方文化，对其修养之深厚彻底，也就会感到惊异和佩服。另一方面，这在实际上开了春秋时期"用诗""断章取义"的先例。而这两方面的问题对中国古代文学的影响是深厚巨大的——《诗经》作为中国古代文化和文学辉煌的经典，其滋养后世思想和文学的深度和广度，都是其他任何作品不可比拟的。

鱼　丽

　　鱼丽于罶①，鲿鲨②。君子有酒，旨且多③。
　　鱼丽于罶，鲂鳢④。君子有酒，多且旨。
　　鱼丽于罶，鰋鲤⑤。君子有酒，旨且有⑥。
　　物其多矣⑦，惟其嘉矣⑧！物其旨矣，惟其偕矣⑨！物其有矣，惟其时矣⑩！

【注释】

①丽（lí）：通"罹"，遭。一说状鱼在竹笼中跳动之貌。罶（liǔ），捕鱼用的竹笼。

②鲿（cháng）：黄颊鱼，徐州人谓之扬黄颊。鲨：又名石鮀（tuó），居沙沟中。

③旨，味美。此言主人之酒又多又香美。

④鲂（fáng）：即火烧鳊。鳢（lǐ）：又名黑鱼。细鳞黑色。

⑤鰋（yǎn）：鲇鱼，大者可达三四十斤。

⑥有：充足，富有。

⑦物：指宴席所陈饭肴。

⑧嘉：美好。

⑨偕：齐备。

⑩时：时鲜，即新鲜食物。

【赏析】

古代祭祀宗庙之后，君王要招待群臣宴饮，这首诗就是在祭祀宗庙献鱼后，君臣宴饮的乐歌。赞美宴会的食物丰盛，尤其赞美鱼的品种丰富，与祈祷万物丰收有关。

李光地《诗所》云："此必荐鱼宗庙之后，燕饮之诗。后乃通用为燕飨之乐歌。"这个结论是可取的。此祭祀所献之物为多种鱼类，可能与祈祷万物丰收有关（鱼象征多子、丰收，来自原始宗教崇拜）。前三章一意，无浅深，皆赞酒之美。下三章一意，言物之丰美。所以明人季本云："前三章皆言酒，乃置酒之通名也。后三章皆言物，则所谓旨、所谓多者，皆以肴言矣。"戴震《诗考正》也说："后三章曰嘉曰旨，皆美也；曰偕曰有，皆备也。多贵其美，美贵其备，备贵其时。"全诗用铺排即典型的赋法罗列物品，看出后来大赋之所由。

南有嘉鱼之什

南有嘉鱼

南有嘉鱼①，烝然罩罩②。君子有酒，嘉宾式③燕以乐。
南有嘉鱼，烝然汕汕④。君子有酒，嘉宾式燕以衎⑤。
南有樛木⑥，甘瓠纍之⑦。君子有酒，嘉宾式燕绥之⑧。
翩翩者鵻⑨，烝然来思⑩。君子有酒，嘉宾式燕又思⑪。

【注释】

①南：泛指南方。嘉鱼：美鱼。

②烝然：众多貌。一说"烝"作"久"。罩罩：众鱼在水中摇摆游
动之貌。

③式：语辞，无义。燕：宴饮，一训"安"。

④汕汕：众鱼游水之貌。一说鱼乐之貌。

⑤衎（kàn）：乐。

⑥樛木：树木向下弯曲。

⑦甘瓠（hù）：甜葫芦，蔓生。

⑧绥：安。

⑨翩翩：飞翔貌。鵻（zhuī）：斑鸠，或以为白鸠。

⑩思：犹"兮"。一说犹"之"。

⑪又：与"侑"通，训"劝"。指劝酒（用马瑞辰说）。或说为酬敬
主人。

【赏析】

这也是一篇以鱼酒燕飨宾客的歌，与上一篇（《鱼丽》）大意相同。上
篇注重在铺排酒食之美，以见主人之热情；此篇则重在表现宾主的关系。

方玉润云："此与《鱼丽》意略同。但彼专言肴酒之美，此兼叙宾
主绸缪之情。故下二章文格一变，参用比兴，其实无深意，则如一耳。"
前二章言宾之乐。三章以瓠攀缘樛木而上，兴宾得君子酒食而安。四章
以鵻群飞而来，兴嘉宾相聚而乐。

彤 弓

彤弓弨兮①，受言藏之②。我有嘉宾③，中心贶之④。钟鼓既设，一朝飨之⑤。

彤弓弨兮，受言载之⑥。我有嘉宾，中心喜之。钟鼓既设，一朝右之⑦。

彤弓弨兮，受言櫜之⑧。我有嘉宾，中心好之。钟鼓既设，一朝酬之。

【注释】

①彤弓：朱红色的弓。弨（chāo）：弓弦放松貌。

②受：读作"授"。言：指王命。

③嘉宾：这里指接受赏赐彤弓的诸侯。

④贶（kuàng）：喜也，二章燕、好与此意同（马瑞辰说）。一说训"赐"。

⑤一朝：终朝。飨：大饮宾。

⑥载：或以为载之以归。或以为与上章"藏"同意。

⑦右：通"侑"，即报饮之酢也。

⑧櫜（gāo）：弓櫜，装弓的袋子，这里是动词。

【赏析】

本诗记述了周王赏赐有功诸侯的礼仪。

此首写天子赐彤弓于有功诸侯，如周东迁，平王以晋文侯迎立有功，即赐以彤弓。襄王时，晋文公伐楚有功，以受彤弓之赐。彤弓实际上是一种权力的象征，以示其有代天子征伐之权。在颁赐典礼结束后，天子要设宴会招待受赐诸侯和与会的诸侯，礼节非常隆重，这首诗记述了这种礼仪的过程。

第一章言赐弓而飨之。"受言藏之"，正极郑重处，不是轻赍滥赏。接着是说"献礼"。主人向客人敬酒叫"献"，但这里是天子招待群臣，因此不能称"献"，而称"飨"，这是第一个仪式。第二章言赐弓而劝之。接着说"右礼"，右即"侑"，又称为"酢"，客人陪主人喝酒、劝主人喝酒。但臣下不敢以客人自居，只能说陪天子饮酒，所以称为"右"，这是第二个仪式。第三章言赐弓而酬之。接着说"酬"礼（诗中作"酬"），即主人再敬客人酒。至此，宴会就算告一段落，古人所谓"备一献之礼"。孙诒让《籀庼述林》卷二《诗彤弓篇义》述之甚详，读者可参考。

六 月

六月棲棲①，戎车既饬②。四牡骙骙，载是常服③。猃狁孔炽④，我是用急⑤。王于出征⑥，以匡王国⑦。

比物四骊⑧，闲之维则⑨。维此六月，既成我服⑩。我服既成，于三十里⑪。王于出征，以佐天子。

四牡修广⑫，其大有颙⑬。薄伐猃狁⑭，以奏肤公⑮。有严有翼⑯，共武之服⑰。共武之服，以定王国。猃狁匪茹⑱，整居焦获⑲，侵镐及方⑳，至于泾阳㉑。织文鸟章㉒，白旆央央㉓。元戎十乘㉔，以先启行㉕。

戎车既安㉖，如轾如轩㉗。四牡既佶㉘，既佶且闲。薄伐猃狁，至于大原㉙。文武吉甫㉚，万邦为宪㉛。

吉甫燕喜㉜，既多受祉㉝。来归自镐，我行永久㉞。饮御诸友㉟，炰鳖脍鲤㊱。侯谁在矣㊲？张仲孝友㊳。

【注释】

①六月：诗中凡言及"月"，皆夏历。棲棲：往来匆忙之貌。或以为同"栖栖"。

②戎车：兵车。饬：整备。

③常服：指兵车上通常出征时的装备。

④猃狁：古代北方的游牧民族。孔：非常。炽：本义为火烈，引申为气焰嚣张。

⑤是用：是以，因此。急：紧急。指匆匆出动。

⑥王于出征：或训"于"为"曰"，即周王说："令汝出，征猃狁。"或以为训"往"，即言"王往出征"。一说"于"为"呼"之借字，即召唤。

⑦匡：扶正，救助。

⑧比：齐同，这里有挑选、统一的意思。物：指马。骊：纯黑色的马。

⑨闲：娴习，熟练。则：规则，法度。

⑩服：指出征的装备，见"常服"注。

⑪于三十里：此句承上二句言，是指在城郊三十里的地方，"比物"、操练。犹《出车》篇所谓的"牧"、"郊"之地。《出车》言在"牧"、"郊"之地召仆、载车、设旃、建旐、整装出发，此篇所言正与之相当。

⑫修广：修，长。广，大。指马体态高大。

⑬有颙（yóng）：犹"颙颙"，大头貌，此形容马高头大。

⑭薄伐：讨伐。

⑮奏：为。肤公：大功。

⑯有严有翼：金文有"严在上，翼在下"之文，意当与此同。由金铭观之，"严"多指神灵言。此当言先祖神灵在上，保佑在下之子孙。翼，即覆翼、保佑之意。

⑰共：通"恭"，奉行，恭谨。一说为共同之意。服：事。

⑱匪茹：不度，不自量力。一说茹训"柔"，此句言猃狁不弱。

⑲整：整顿师旅。焦获：古时泾水流域一大泽薮，地在今陕西泾阳西北。一说为塞北地名。

⑳侵镐及方：镐，即镐京。方，通"丰"，即丰京。皆周之中心。此上下三句是说，猃狁整师于焦获，想要侵犯周的镐京和丰京，已经打到了泾阳。

㉑泾阳：泾水北岸。或以为地名。

㉒织文鸟章：旗帜上绘有鸟的图案。

㉓白旆（pèi）：白，通"帛"。旆，即旗飘带。央央（yīng）：鲜明貌。

㉔元戎：大战车。

㉕启行：开路。

㉖安：好。指备好车马。

㉗如轾（zhì）如轩：车前重向下曰"轾"，后重向上曰"轩"，轾轩有或上或下之意，此处是形容车在起伏不平的道路上行走的状态。

㉘佶（jí）：整齐貌。一说壮健貌。

㉙大原：地名，在甘肃之平凉。

㉚吉甫：即宣王大臣尹吉甫。

㉛宪：榜样。

㉜燕喜：欢喜，高兴。

㉝既：终。祉：福。

㉞我行永久：此指出征很久。

㉟御：进献。诸友：诸位朋友。

㊱炰（páo）鳖：清蒸甲鱼。

㊲侯：维，语词，无实义。

㊳张仲：人名，当时大臣。具体情况已不可考。孝友：本义指孝于亲，友于弟，这里是称颂其品格。

【赏析】

这是歌颂抗击猃狁入侵胜利归来的诗。诗中抒发了作者对统帅的热爱，对军威的赞美，以及胜利后的无限喜悦。

据《兮甲盘铭》，宣王五年，尹吉甫从王北伐猃狁。此诗屡言吉甫，所记当即宣王五年伐猃狁之事。孙月峰说："《六月》严整闳壮，俨然节制之师气象。语不浓，却劲色照人，盖自古质中炼出。"赵士会云："'栖栖'见事变仓卒，人情骚动，似于不暇为谋。而下言车马整饬，森然有备，正见中兴气象。"凌濛初云："张皇军容，终以饮至。诸人聚饮，举重一人，此末章末句，是千里来龙到头结穴。"

鸿雁之什

鸿 雁

鸿雁于飞，肃肃①其羽。之子②于征，劬劳于野。爰③及矜人④，哀此鳏寡。

鸿雁于飞，集于中泽。之子于垣，百堵⑤皆作。虽则劬劳，其究⑥安宅⑦。

鸿雁于飞，哀鸣嗷嗷。维此哲人⑧，谓我劬劳。维彼愚人，谓我宣⑨骄。

【注释】

①肃肃：小鸟拍打翅膀的声音。

②之子：此人，指服役的人。

③爰：语气词。

④矜人：受苦的人。

⑤堵：墙壁。这里指计算墙的单位。

⑥究：究竟。

⑦宅：居所。

⑧哲人：明智达理的人。

⑨宣：显示。

【赏析】

本诗是一首使者奉命安抚流民的歌。

首章写流民在荒野辛勤劳动，筑起百堵高墙，却没有安身之所。次章写使者看到百姓饥寒交迫，不由发出感慨。末章写流民对官吏、苛捐杂税的怒斥，感叹不知何时自己才能解脱苦衷。

鹤 鸣

鹤鸣于九皋①，声闻于野。鱼潜在渊，或在于渚。乐彼之园，爰有树檀②。其下维萚③。它山之石，可以为错④。

鹤鸣于九皋，声闻于天。鱼在于渚，或潜在渊。乐彼之园，爰有树檀，其下维榖⑤。它山之石，可以攻玉。

【注释】

①皋（gāo）：水泽。
②树檀：檀树。
③萚（tuò）：择，木名，质地坚韧。
④错：砺石，粗的磨刀石。
⑤榖：乔木，叶似桑树，其花单性，树皮可为造纸的原料。

【赏析】

全诗三章叠咏，形式内容都相同，只把"野"、"萚"、"错"三字换成"天"、"谷"、"玉"而已，而"鱼潜于渊，或在于渚"转换成"鱼在于渚，或潜在渊"可以转变它的单调。

白 驹

皎皎①白驹，食我场苗。絷之维之②，以永今朝。所谓伊人，于焉③逍遥。

皎皎白驹，食我场藿。絷之维之，以永今夕。所谓伊人，于焉嘉客。

皎皎白驹，贲④然来思。尔公尔侯，逸豫⑤无期。慎尔优游，勉尔遁思⑥。

皎皎白驹，在彼空谷⑦。生刍一束，其人如玉。毋金玉尔音，而有遐心。

【注释】

①皎皎：洁白而有光泽。这里指马皮毛发光。
②絷：绊。维：拴。意思是拴住马的脚。
③焉：此，在这儿。
④贲：奔跑、急驰。

⑤逸豫：安乐。

⑥勉：劝止的意思。遁，去、走。

⑦空谷：山谷。

【赏析】

这是一首怀念客人的诗。

前三章写深情挽留客人，第四章写希望客人能与其保持联系，经常惠赐音信。研究《诗经》的学者称此诗讽刺了宣王不能留贤。

黄 鸟

黄鸟黄鸟①，无集于穀②，无啄我粟。此邦之人，不我肯穀③。言旋言归，复我邦族④。

黄鸟黄鸟，无集于桑，无啄我粱。此邦之人，不可与明⑤。言旋言归，复我诸兄。

黄鸟黄鸟，无集于栩⑥，无啄我黍。此邦之人，不可与处。言旋言归，复我诸父⑦。

【注释】

①黄鸟：麻雀，喜欢吃粮食，农业的大敌。

②穀：木名。楮树。

③不我肯穀：不肯善待我。穀，善待。

④复我邦族：返回我的国家和民族。

⑤明：通"盟"，信用、结盟。

⑥栩：橡树。

⑦诸父：家族中的长辈，即伯、叔。

【赏析】

这是一首异国怀乡的诗。

作者寄居异国，受到冷遇而思归，诗中用"黄鸟"比喻异国他乡冷遇自己的人，于是想马上回到自己的家乡，回到父母长辈的身旁。诗中用"黄鸟"起兴，也有对"异邦之人"仇恨的意思。

我行其野

我行其野，蔽芾其樗①，昏姻之故，言就尔居②。尔不我畜③，复我邦家④。

我行其野，言采其蓫⑤。昏姻之故，言就尔宿⑥。尔不我畜？言归斯复⑦。

我行其野，言采其葍⑧。不思旧姻⑨，求尔新特⑩。成不以富⑪，亦祗亦异⑫。

【注释】

①蔽芾（fèi）：盛貌。一说微小貌。此当是以樗下遮阳纳荫比喻因婚姻而就居于他人之家。樗（chū）：臭椿树，喻所托非人。

②言：乃。

③畜：爱。一训"养"。

④复：返回。

⑤蓫（zhú）：草名，俗名羊蹄。《毛传》以为"恶菜也"。

⑥宿：居住。

⑦言归斯复：言、斯皆语辞，归复，即归回。

⑧葍（fú）：多年生蔓草，《毛传》所谓"恶菜也"。

⑨旧姻：旧日婚姻之情。

⑩特：雄牛。此处指男配偶。

⑪成："诚"之借，确实。

⑫祗：只。异：异心。

【赏析】

这首"弃夫诗"，表现了一位倒插门女婿的哀怨，他为妇家所弃，踏上归途，独行于野，心中充满悲凉。

前二章言被弃归家之情。第三章言已被弃之故是她另结新欢。钟惺曰："末二句似为薄情者开一生路，然词益恕而意愈深矣。"钟惺之论实在非常深刻——所谓"词益恕而意愈深"，是说这位被遗弃的丈夫所可原谅于她的是可知可见的经济问题，说她并不因为新夫有钱才抛弃他，其深层的原因是她已经不喜欢他了，这才是一个男人最大的悲哀，而他是看得明明白白的，只是不说出来罢了。指出婚姻的破裂并不一定在于经济问题，更有"喜新厌旧"的因素，而"新"之可"喜"全在于和"旧"之不同，而其所以"不同"，因素实很复杂，即当事者也未必就能说得清楚。这就是这首诗的可贵之处，否则婚姻的不幸就变得十分简单了。

此诗在语言艺术上较有特点。首章言"蔽芾其樗"，"樗"有居处之意；二章"言采其蓬"，"蓬"是"逐"的谐音，隐被逐之意；三章"言采其菖"，"菖"是"逼"的谐音，隐被逼离居之意。以声传意，妙趣天成，这是民歌一个很重要的特点，表现了百姓的智慧，后来的南朝乐府民歌仍保留这种特点，且被文人学习吸收。

斯 干

秩秩斯干①，幽幽南山②。如竹苞矣③，如松茂矣。兄及弟矣，式相好矣④，无相犹矣⑤。

似续妣祖⑥，筑室百堵⑦，西南其户⑧。爰居爰处⑨，爰笑爰语。约之阁阁⑩，椓之橐橐⑪。风雨攸除⑫，鸟鼠攸去，君子攸芋⑬。

如跂斯翼⑭，如矢斯棘⑮，如鸟斯革⑯，如翚斯飞⑰，君子攸跻⑱。殖殖其庭⑲，有觉其楹⑳。哙哙其正㉑，哕哕其冥㉒。君子攸宁。

下莞上簟㉓，乃安斯寝㉔。乃寝乃兴㉕，乃占我梦㉖。吉梦维何？维熊维罴㉗，维虺维蛇㉘。

大人占之㉙，维熊维罴，男子之祥㉚；维虺维蛇，女子之祥。

乃生男子㉛，载寝之床㉜，载衣之裳㉝，载弄之璋㉞。其泣喤喤㉟，朱芾斯皇㊱，室家君王㊲。

乃生女子，载寝之地。载衣之裼㊳，载弄之瓦㊴。无非无仪㊵，唯酒食是议㊶，无父母贻罹㊷。

【注释】

①秩秩：涧水清清流淌的样子。斯：语气助词。干：山间流水。

②幽幽：深远的样子。南山：终南山，位于陕西西安市南。

③如：犹言"有……，有……"。苞：竹木稠密丛生的样子。

④式：语气助词，无实义。好：友好和睦。

⑤犹：通"尤"，过失。

⑥似续：通"嗣续"，犹言"继承"。妣祖：先妣、先祖，统指祖先。

⑦堵：一面墙为一堵，一堵面积方丈。

⑧户：门。

⑨爰：于是。

⑩约：用绳索捆扎。阁阁：捆扎筑板的声音；一说将筑板捆扎牢固的样子。

⑪椓（zhuó）：用杵捣土，犹今之打夯。橐（tuó）橐：捣土的声音。

⑫攸：语气助词。

⑬芋：通"宇"，居住。

⑭跂（qì）：踮起脚跟站立。翼：鸟张翼状。

⑮棘：急，矢行缓则枉，急则直，急有直的意义。

⑯革：翅膀。此处指鸟飞则变为静止状态。

⑰翚（huī）：野鸡。

⑱跻（jī）：登。

⑲殖殖：平正的样子。庭：庭院。

⑳觉：高大而直立的样子。楹：柱子。

㉑哙（kuài）哙：宽敞明亮的样子。正：白天。

㉒哕（huì）哕：光明的样子。冥：夜里。

㉓莞（guān）：蒲草，可用来编席，此指蒲席。簟（diàn）：竹席。

㉔寝：睡觉。

㉕兴：起床。

㉖我：指殿寝的主人，此为诗人代主人的自称。

㉗罴（pí）：一种野兽，似熊而大。

㉘虺（huǐ）：一种毒蛇，颈细头大，身有花纹。

㉙大人：即太卜，周代掌占卜的官员。

㉚祥：吉祥的征兆。古人认为熊罴是阳物，故为生男之兆；虺蛇为阴物，故为生女之兆。

㉛乃：如果。

㉜载寝之床：就睡在大床上。

㉝衣：穿衣。裳：下裙，此指衣服。

㉞璋：玉器。

㉟喤喤：哭声宏亮的样子。

㊱朱芾（fú）：用熟治的兽皮所做的红色蔽膝，为诸侯、天子所服。

㊲室家：指周室，周家、周王朝。君王：指诸侯、天子。

㊳裼（tì）：婴儿用的褓衣。

㊴瓦：陶制的纺线锤。

㊵非：错误。仪：善。

㊶议：谋虑、操持。古人认为女人主内，只负责办理酒食之事，即所谓"主中馈"。

㊷无父母贻罹：不要使父母遭非议。

【赏析】

《斯干》一诗，以友人的口吻，歌颂了一位贵族的美好品性和生活。

诗作开头以两个叠词"秩秩"、"幽幽"起，明确了全诗悠远舒缓的基调，作者以平静和美的心境，慢慢讲述他所进入的美妙、纯净而生动的世界。第二章，讲述建筑宫室的原因。"似续妣祖"，为的是继承祖先的功业。功业当然是美好而伟大的，祖先们励精图治、功勋卓著，在历史上受人敬仰，荫蔽后世，到现在依然为人称道。第三章"约之阁阁，椓之橐橐"，描摹建筑宫室时艰苦而热闹的劳动场面，捆扎筑板时绳索"阁阁"发响，夯实房基时木杵"橐橐"作声，热闹而生动。第四章描绘宫室气势的宏大和形势的壮美，作者从远处着笔，连用四个比喻，博喻赋形，借美丽的飞禽在不同时刻的形状之美，来描绘宫室高耸入云、钩心斗角、起伏有势的盛景。第五章则是把视角拉近，具体描绘宫室内部的情状。第六章先说主人入居此室之后将会寝安梦美，梦到"维熊维罴，维虺维蛇"。第七章接着写美梦的吉兆，预示将有贵男贤女降生，然后第八章说喜得贵男后的情形，第九章说幸有贤女后的情形，层次井然有序。